스스로 움직이게 하라

스스로 움직이게 하라

살아있는 조직을 만드는 시스템의 힘

김종삼 지음

 더난출판

스스로 움직이게 하라

초판 1쇄 발행 2013년 12월 23일
초판 5쇄 발행 2017년 4월 13일

지은이 김종삼 | **펴낸이** 신경렬 | **펴낸곳** (주)더난콘텐츠그룹

기획편집부 김지환 · 허승 · 이성빈 · 이원희 | **디자인** 박현정
마케팅 장현기 | **관리** 김태희 | **제작** 유수경

출판등록 2011년 6월 2일 제2011-000158호
주소 04043 서울특별시 마포구 양화로 12길 16, 더난빌딩 7층
전화 (02)325-2525 | **팩스** (02)325-9007
이메일 book@thenanbiz.com | **홈페이지** http://www.thenanbiz.com
ISBN 978-89-8405-723-4 03320

생각과 마음만으로는 변하지 않는다

●

"왜 우리 조직은 스스로 움직이지 않을까? 왜 변화하지 못할까?"

오늘 아침 회의도 길어지고 있다.

"고객에게 친절하게 대하라. 정리정돈을 하라. 업무시간에 사적인 일을 하지 마라……."

팀장의 다그침을 들어보니 매일 같은 소리다.

기업 같은 조직뿐만이 아니다. 시민들 역시 스스로 움직이지 않기는 마찬가지다.

"무단횡단을 하지 마라. 아무데나 쓰레기를 버리지 마라. 과속하지 마라. 일회용품은 사용하지 마라."

이제 우리도 선진국의 문턱에 왔으니 이 정도쯤은 누가 보지 않아도 스스로 알아서 움직여야 한다. 하지만 현실을 보니 어느 것 하나 마음대로 안 되는 모양이다. 감시카메라, 벌금 등 갈수록 온갖 규칙과 장치를 더 강화하고 있으니 말이다.

개개인이 일상생활에서 스스로 변화하는 일도 생각만큼 쉽지 않다.

"아침 일찍 일어나 운동하겠다. 이제부터 술과 담배를 끊어야겠다. 건강을 위해 저녁에 야식을 먹지 않겠다."

해마다 새해가 되면 하나둘 각오를 다져보지만 대부분 작심삼일로 끝난다. 마음먹은 대로 잘 안 된다. 한두 번도 아니고 매번 이러다보니 무슨 뾰족한 수라도 있나 싶어 인터넷을 기웃거리기도 하고 좋은 책이 있는지 찾아보기도 한다.

그렇지만 몰라서 하지 않는 경우는 거의 없다. 빤히 알고 있지만 행동으로 옮기지 못한다. 가르침이 아무리 훌륭해도 이를 실행하기란 쉽지가 않다.

공자는 배운 대로 행동하지 않는 제자들을 보면서 "알면서도 행하지 않으면 차라리 모르는 게 낫다"라고 책망하였다.

"사람들은 왜 알고도 행동하지 않을까?" 순자는 인간이 선한 존재가 아니라서 그렇다며 성악설을 주장한다.

훗날 순자의 영향을 받은 한비자는 공자의 제자 70여 명 모두의 행적을 일일이 추적했다. 제자들이 과연 공자의 가르침대로 살았는지 알아보기 위해서였다. 그 결과 공자의 가르침대로 실천하며 살았던 사람은 공자 자신 한 명뿐이었다. 한비자가 강력한 법치주의를 주장하게 된 이유가 여기에 있다.

그런데도 대부분 사람들은 더 배우고 많이 알면 사람의 행동이 자동으로 변할 것이라고 생각한다. 그래서 문제가 생기면 상대를 가르치려고 한다. 부모는 자식을 앞에 두고 잔소리부터 한다. 선생님은 학생들을 모아놓고 훈시한다. 노사분규가 생기면 기업은 사원교육부터 생각한다. 정권이 바뀌면 국민의 의식부터 바꾸려고 한다. 하지만 교육은 일시적인 방편일 뿐이다. 교육으로 사람을 바꾸기란 쉽지 않다.

나는 직장생활 대부분을 주로 기업체 직원이나 공무원을 대상으로 한 교육 분야에서 경력을 쌓았다. 오랜 교육 경험을 돌아보면, 교육은 교육일 뿐 감동이 큰 교육일수록 효과는 그때뿐이었다. 교육을 받는 동안에는 감동을 받아 눈시울까지 붉히다가도 강의실을 나가는 순간 언제 그랬냐는 듯 제자리로 돌아왔다. 변화가 없는 것이다. 오히려 많이 알수록 내성까지 생겨 어지간한 교육에는 귀도 기울이지 않았다.

누구나 생각대로 마음먹은 대로 스스로 움직이게 할 수는 없을까? 누가 일일이 말하지 않아도 알아서 할 수는 없을까? 이러한 고민과 함께 교육에 점점 회의를 느낄 즈음 나는 군대에서 경험했던 시스템을 다시 찾게 되었다. 그리고 시스템을 가까이하면서부터 이러한 고민은 쉽게 해결되었다. 나 자신부터 변화되었다. 시스템의 놀라운 힘을 체감하고부터 나는 교육을 그만두고 본격적으로 시스템에 매달렸다.

이후 제법 오랜 기간 기업과 공공기관을 대상으로 시스템을 주제로 강의와 컨설팅을 해왔다. 현장에서 오랫동안 해결하지 못했던 문제들이 시스템 하나로 척척 해결하는 것을 수없이 보아왔다. 그때마다 시스템의 위력을 실감하곤 했다. 그리고 백 마디의 말보다 시스템 하나가

개인이나 조직을 바꾸는 데 훨씬 더 효과적이라는 사실을 확인했다.

이 책은 내가 시스템에 몰입해 20여 년이 넘는 기간 동안 현장에서 생생하게 경험하고 직접 부딪쳤던 이야기들로 채웠다. 그래서 사례가 상당히 많다. 기업, 공공기관, 학교, 시민단체, 군대 등 다양한 자리에서 경험한 이 사례들이 삶의 모양은 다르지만 개인과 조직의 변화를 바라는 모든 이에게 도움이 되리라 믿는다. 독자들이 시스템에 대하여 쉽게 이해하여 보다 품격 있고 가치 있는 삶을 살게 되기를 진심으로 바란다.

2013년 겨울에

김종삼

차례

──────── **1장** 저절로 되게 하라 ────────

——— 4장 시스템을 만드는 8가지 원칙 ———

——— 5장 스스로 움직이는 사람이 되라 ———

무엇이 행동을 바꾸는가 | 사람이 문제가 아니다 | 저절로 되게 하라 |
행동을 바꾸는 100원 | 평가는 의외로 강력하다 | 없애기만 해도 되는데 |
환경을 바꾸면 의식은 저절로 바뀐다 | 가져가는 사람, 잃어버린 사람

1장

저절로 되게 하라

정보의 홍수다. 이를 피하기 위해 눈 감고 귀 막고 살 수는 없다. 내가 원하든 원치 않든 우리는 그 속에서 살아갈 수밖에 없다.

듣는 것, 보는 것이 많다 보니 자연스럽게 의식수준도 높아졌다. 그러면 살기도 좋아져야 하는데 그렇지가 않다. 누구 하나 여유라고는 찾을 수 없다. 하나같이 바쁘고 지쳐 있다. 지역 간, 세대 간의 갈등도 더 깊어졌다. 어디를 둘러보아도 예전보다 살기 좋아졌다고 말하는 사람이 없다.

뭔가 이상하다. 분명 문제가 있다. 어디서부터 잘못된 것일까? 누구의 잘못인가? 왜 이렇게 되었을까?

정치인들이 정치를 잘 못해서 이 지경이 되었다고들 말한다. 그런데 높은 자리에 있는 분들은 생각이 좀 다른 것 같다. 자신들이 문제가 아니라 국민의 의식이 문제라고 생각하는 모양이다. 그래서일까? 새 정권은 출범하자마자 국민의 의식부터 새롭게 바꾸어야 한단다. 전 국민을 대상으로 대대적인 의식교육을 해야 한다는 것이다.

하지만 지금은 과거와 다르다. 동네에 겨우 TV 한 대 있던 70년대에는 전 국민을 상대로 한 의식교육이 통했다. 정보가 차단되어 있고 보고 듣는 게 없으니 의식교육이 꽤 효과적이었다. 그러나 지금은 세상이 바뀌었다. 인터넷이 안 되는 곳이 없고 최첨단 휴대폰이 계속 등장하고 있다. 백 마디, 천 마디 교육을 해본들 인터넷 카페 주인장 말이 더 가까이 들리고, 스마트폰이 나의 정신적 지주가 된 지 오래다.

이런 마당에 의식교육으로 사람을 바꾸고 세상을 변화시키겠다니 어림없는 이야기 아닐까? 그렇다면 더 나은 삶, 더 나은 회사, 더 나은 사회를 위해 의식교육 말고 다른 뾰쪽한 수라도 있다는 말인가?

나는 시스템SYSTEM이 답이라고 말하고 싶다. 우선 우리 주변에서 볼 수 있는 몇 가지 사례에서 시스템에 대하여 알아보자.

무엇이
행동을
바꾸는가

●

모처럼 가을 햇살을 받으며 가족과 함께 가까운 산을 찾았다. 산 중턱에 이르니 단감나무에 잘 익은 단감이 주렁주렁 매달려 있다. 손만 내밀면 그리 어렵지 않게 딸 수 있다. 호기심 많은 아내가 그냥 지나치지 않고 따먹자고 먼저 입을 열었다. 그러자 아이들이 반대를 하고 나섰다. CCTV에 걸리면 수백만 원을 물어주어야 한다는 것이다. 나와 아내는 두리번거리며 감시카메라를 찾았지만 어디를 보아도 찾을 수 없었다.

"요즘 카메라는 워낙 작아서 눈에 잘 안 보여요. 아마 어딘가에서 주인이 분명 우리를 감시하고 있을 거예요."

아이들이 겁을 주는 바람에 아내는 못내 아쉬워하며 단감 따기를 포기했다. 아내는 산에 오르는 내내 몇 번이고 뒤를 돌아보았다. 아이들이 아니었다면 분명 단감을 따 먹었을 것이다. 나는 "CCTV가 이 시대의 하나님입니다"라고 말한 어느 목사님의 말씀이 떠올랐다.

범죄를 미리 방지하는 방법으로 CCTV만 한 게 또 있을까? 도둑이 가장 무서워하는 것은 경찰도 검찰도 아닌 CCTV라고 한다. 이와 같이 범죄를 예방하는 장치를 가리켜 '예방 시스템Prevention System'이라고 한다.

《시스템의 힘Work the System》의 저자 샘 카펜더Sam Carpenter는 예방 시스템의 한 가지 사례로 자신의 회사를 소개한다. 직원들이 근무시간에 사적으로 인터넷 검색을 즐기고 있다는 사실은 안 그는 여러 차례 교육을 통해 주의를 줬지만 잔소리로 그치고 좀처럼 고쳐지지 않았다. 고심 끝에 그는 직원들의 컴퓨터에 실시간 모니터링 기능을 더했다. 누가 근무시간에 인터넷 검색을 했는지 알 수 있도록 프로그램을 만든 것이다. 그런데 프로그램을 설치하고 난 뒤부터는 정작 직원들을 일일이 모니터링 할 필요가 없게 되었다. 아예 인터넷 검색을 할 생각조차 안 했기 때문이다.

이처럼 사람의 행동을 바꾸는 것은 그 사람의 인격이나 의식이 아니다. 모니터링 프로그램이나 감시 카메라 같은 시스템이다. 시스템은 딱딱한 경찰의 조직문화까지도 하루아침에 바꿔버렸다.

어느 날 해질 무렵, 나는 집 앞에서 교통사고를 내고 말았다. 급한 마음에 빨강 신호등을 무시하고 좌회전을 하다가 맞은편에서 오던 오토바이와 충돌한 것이다. 막 어두워질 즈음이어서 전조등도 켜지 않고 달려오는 오토바이를 미처 발견하지 못했다.

오토바이 운전자는 다리를 절며 자리에서 겨우 일어나고 있었다. 다행이다 싶어 우선 차를 한쪽에 세우고 보험사에 연락했다. 가벼운 부상이라 굳이 경찰에 신고하지 않아도 될 것 같았다. 그런데 사고를 목격한 슈퍼마켓 아저씨가 그만 경찰에 신고해버렸다.

5분도 지나지 않아 경찰차가 들이닥쳤다. 보험 담당자는 사고현장을 조사하고, 경찰은 교통을 통제했다. 경찰은 현장 사진을 찍은 뒤 오토바이 운전자를 싣고 병원으로 출발했다. 그러면서 사고를 낸 나에게 저녁에 경찰서에 들르라고 했다. 보험 담당자가 사고현장을 조사한 후 병원으로 갔다. 다행히 피해자가 큰 부상은 아니어서 며칠 입원하면 된다는 의사의 말을 듣고서야 안심이 되었다.

이제는 경찰서에 갈 일이 걱정됐다. 신호위반에다가 사람까지 다쳤으니 말이다. 면허까지 정지되는 것은 아닌지, 피해자가 합의금을 과하게 요구하지는 않을지 별별 생각이 다 들었다. 잔뜩 긴장한 채 경찰서를 찾았다. 늦은 저녁이라 한산한 경찰서에 마침 사고현장에 출동했던 경찰이 보였다.

두근거리는 마음을 진정시키며 조심스럽게 경찰에게 다가갔다. 인사를 하자 그는 나를 알아본 듯 의자를 내주며 자리에 앉으라고 했다. 의자에 웅크리고 앉아 있는데 경찰은 조서는 꾸밀 생각도 안 하고 커피를 한 잔 타주며 피해자의 상태를 물었다.

많이 다친 것 같지는 않고 입원을 시키고 왔다고 말했다. 그러자 경찰은 피해자가 처벌을 원치 않으면 사고접수를 하지 않겠다고 했다.

일단 조사를 하지 않을 것이니 오토바이 피해자가 경찰에 신고하지 않도록 잘 처리하라는 것이다. 그러면서 만약 피해자가 경찰에 신고하면 그때는 경찰도 어쩔 수 없이 사고접수를 해서 조사를 할 수밖에 없으니 잘 알아서 하라고 했다.

'아니 우리나라 경찰이 언제 저렇게 변했지?'

그날 걱정했던 경찰서 방문은 그렇게 사고가 없었던 것으로 끝났다. 나는 경찰의 친절과 배려가 매우 고마웠다. 발전된 선진 경찰의 모습에 뿌듯하기까지 했다.

며칠 후 경찰서에 근무하는 친구에게 사고 난 일을 말하면서 경찰의 친절에 대하여 이야기했다. 전후사정을 들은 그 친구는 웃으면서 경찰의 속사정을 말해줬다. 얘기를 듣고 보니 사실 경찰이 친절해서가 아니었다. 교통사고를 접수하지 않고 스티커 한 장도 발급하지 않았던 이유는 정작 다른 데 있었다.

매월 경찰서끼리 실적을 평가하는데 그 중 하나가 관내의 교통사고 건수라고 한다. 교통사고가 전년보다 많으면 점수가 낮아진다. 그러니 내가 낸 교통사고를 접수할 경우 경찰서 평가점수가 낮아지는 것이다. 결국 시민을 위해서가 아니라 경찰서 평가를 잘 받기 위해서 사고 접수를 하지 않았던 것이다. 요즘에는 경찰서에서 조사를 받고 나올 때 담당 수사관에 대해 5단계로 평가를 한다. 이제 경찰은 범죄자를 조사하면서까지 친절해야 한다. 경찰의 행동을 바꾼 것은 구호나 캠페인이 아니었다. 시스템 하나가 딱딱한 경찰을 친절한 경찰로 바꾼 것이다.

차를 가진 사람이라면 보험사의 긴급출동 서비스를 받아본 경험이 있을 것이다. 차에 이상이 생겨 보험사에 연락하면 친절하게도 아무리 늦은 밤중이라도 장소를 가리지 않고 달려온다. 그런데 긴급출동 기사들이 처음부터 그랬던 것은 아니다. 서비스 수준을 평가하고 나서부터인데, 고객이 내리는 평가에 따라 그들이 받는 출동서비스 수당이 달라진다. 서비스를 받고 나면 보험사에서 곧바로 고객에게 확인전화를 해서 출동기사가 신속하게 도착했는지, 기사가 친절했는지 등을 '매우 만족'에서 '매우 불만족'까지 등급을 매겨 평가한다.

예전과 달리 요즘에는 우리 사회의 분위기가 상당히 친절하다는 것을 느낄 수가 있다. 상담전화를 하든 관공서에 가든, 하다못해 고속도로 휴게소 환경미화원까지 모두가 친절하다. 결국 그들의 의식이 높아서가 아니라 보이지 않는 시스템 때문이다.

하지만 사람들 대부분은 시스템이 사람을 바꾼다는 사실을 모른다. 사람이 문제라고 생각하며 의식을 바꾸어야 한다고 생각한다. 그래서 대대적으로 의식개혁 운동을 추진하고, 변화와 혁신을 외치며, 캠페인을 벌인다. 우리 주변을 한번 둘러보자. 사람들의 의식으로 인한 변화는 거의 없다. 시스템이 그렇게 만들었다.

사람이
문제가
아니다

●

모든 문제의 중심에는 항상 사람이 있기 마련이다. 자연이나 주변 환경은 언제나 그대로인데 비해 사람의 움직임은 유달리 눈에 띄기 때문에 문제가 발생했을 때 대부분 그 문제의 원인을 사람에게서 찾는다.

하지만 시스템을 알고 나면 더 이상 사람을 탓하지 않는다. 그렇게 만든 환경을 보게 된다. 사람이 문제라면 그 문제는 해결할 수 없다. 사람마다 개성과 성향이 다르기 때문이다. 그래서일까? 석존은 《열반경》에서 "사람에 의하지 말고 법法에 의하라"라는 법문을 유언으로 남겼다.

기업에서는 어떤 문제가 생기면 여러 방면에서 그 원인을 찾아 해결한다. 안전사고든 불량이든 문제가 생기면 4M이라 하여 기계Machine, 재료Material, 방법Method, 사람Man 등 네 분야에서 그 원인을 찾는다.

그렇지만 사람들은 대부분 문제를 일으킨 사람을 먼저 본다.

한 가지 예를 들어보자. 육교가 버젓이 있는데도 건너편 시장을 가기 위해 사람들이 육교 밑으로 무단횡단을 하고 있다. 처음에는 한두 명이 주위 눈치를 살피며 건넌다. 시간이 조금 지나자 너나 할 것 없이 무단횡단을 한다. 이제는 아예 눈치 볼 필요도 없다. 이쯤 되면 육교는 유명무실해진다. 가끔 TV 고발프로그램에 등장하는 한국인의 무질서 현장의 대표적 장면이다. 이 모습을 보는 사람들은 누구나 무단횡단하는 사람을 탓한다.

방송에서는 "이래서야 되겠습니까. 오늘은 육교를 놔두고 버젓이 도로를 무단횡단하는 무질서한 시민의식을 고발합니다"라고 기자가 목청을 높인다. 경찰도 고개를 저으며 무질서한 시민의식을 탓한다. 정치인은 한술 더 뜬다. "군중심리에 편승하여 우르르 몰려다니는 시민들을 보세요. 우리 국민 의식이 선진국 수준이 되려면 아직 멀었습니다"라며 시민들을 몰아붙인다. 시민들 역시 이런 이야기를 한두 번 듣는 것이 아니어서 이제는 아무렇지도 않고 무감각해졌다.

방송에 나오는 캠페인이나 공익광고는 모든 문제가 시민들에게 있는 것으로 만들기에 충분했다. 10년 넘게 방송된 기록을 가지고 있는 한 공익광고의 제목은 "부끄러우세요?"이다. 이 영상을 보면 먼저 아무데나 담배꽁초를 버리는 중년남자가 등장한다. 이어서 시내버스 앞에서 줄은 서지 않고 새치기를 하는 중년여성이 나오고 곧이어 무단횡단을 하는 시민이 등장한다. 그리고 그때마다 아나운서의 멘트가 나온다. "부끄러우세요?"

그동안 우리는 육교 밑을 무단횡단하는 시민이 문제라고 생각했다. 그래서 시민들의 의식을 바꾸어야 한다며 시민의식을 탓하고 사람들의 의식이 변화되기를 기대했다.

하지만 문제를 보는 시각을 한번 바꿔보자. 시민에게 문제가 있다고 보지 말고 육교에 초점을 맞춰보는 것이다. 육교가 불필요한 위치에 있는 것은 아닐까? 단속이 느슨한 것일까? 무단횡단을 아예 못하도록 막을 방법은 없을까? 다른 곳에서 그 답을 찾아보자.

먼저 가장 단순한 방법이며 경찰이 가장 많이 쓰는 방법을 보자. 즉 무단횡단을 강력하게 단속하는 것이다. 스티커를 발부하고 벌금을 매긴다면 아마 벌금이나 경찰이 무서워서라도 육교를 이용할 것이다. 굳이 경찰을 투입하지 않더라도 또 다른 방법이 있다. 중앙분리대를 높게 설치하여 아예 무단횡단을 생각지도 못하게 하는 것이다. CCTV를 설치하면 시민들은 혹시나 자신이 찍힐까봐 육교를 이용할 것이다. 아니면 섬뜩한 경고문구, 예를 들어 등골이 오싹한 해골마크에 "무단횡단은 황천 가는 지름길"이란 말을 써놓는 방법 등 여러 가지를 생각할 수 있다.

그러나 이러한 페널티형 방법은 금세 효과는 보겠지만 부작용 또한 만만치 않다. 마치 아이에게 공부 안 하면 체벌을 가하는 것과 같다. 페널티형은 만들기 쉽고 효과도 빠르다. 그러나 이런저런 벌칙들은 시민들에게 거부감과 반감을 주면서 오히려 경찰이나 정부에 통제당한다는 느낌을 주게 된다.

그렇다면 시민들에게 거부감을 주지 않고 자연스럽게 육교를 이용하도록 하는 방법은 없을까? 그 중 하나로 육교에 에스컬레이터를 설치하는 방법이 있다. 그러면 오르내리는 데 힘들지 않아서 육교를 이용하는 사람들이 많아질 것이다. 다만 설치비와 운영비가 문제다. 육교 위에 볼거리를 만들어 자연스럽게 육교를 지나도록 호기심을 자극하는 방법도 있을 것이다. "육교 한 번 이용하면 일주일 더 오래 살아요"라는 캠페인이나 구호를 활용할 수도 있다. 또 다른 방법은 없을까?

에스컬레이터나 엘리베이터가 있는데도 많은 사람들이 계단을 이용하는 곳이 있다. 스웨덴의 수도 스톡홀름에 설치된 피아노 계단이 바로 그곳이다. 여느 도시와 마찬가지로 스웨덴 역시 지하철 출구에 에스컬레이터와 계단이 같이 있다. 그런데 대부분 사람들은 편리한 에스컬레이터로만 몰리고 계단은 거의 이용하지 않았다. 스웨덴 정부는 국민의 건강과 에스컬레이터의 혼잡을 막기 위해 '계단을 많이 이용해달라'며 스티커를 붙이고 안내요원까지 배치했지만 백약이 무효였다.

이때 나온 아이디어가 피아노 계단이다. 계단에 오르면 피아노 소리가 나도록 장치를 한 것이다. 오르내릴 때마다 나는 피아노 소리에 많은 시민들이 신기해했다. 어떤 이는 피아노 소리를 듣기 위해 일부러 계단을 오르기도 했다. 이 계단을 설치하자 이전보다 다섯 배 이상의 많은 보행자가 계단을 이용하는 효과를 얻었다. 특히 아이들을 동반한 사람들은 거의 다 피아노 계단을 이용했다.

이 피아노 계단이 근래에 국내에서도 설치되어 사람들의 관심을 끌고 있다. 인천의 부평역과 포스코 글로벌 안전센터에 스톡홀름의 피아노 계단과 같은 모양의 계단을 설치한 것이다. 소문을 듣고 피아노 계단을 구경하려고 멀리서 구경을 오는 사람도 있다. 이곳 역시 많은 사람들이 피아노 소리를 듣고 싶어 엘리베이터 대신 계단을 이용한다.

그런데 여기서 우리는 가장 중요한 핵심을 빠트리고 있다. 그것은 바로 '누구를 위해 육교를 만들었나'라는 것이다. 언뜻 보기에는 보행자를 보호하기 위해 만든 것처럼 보이지만 사실 육교는 자동차를 위한 시설물이다. 육교는 횡단보도를 없애 자동차가 빨리 통행하도록 만든 시설물인 것이다. 만약 보행자를 생각한다면 육교는 당장 없어져야 할 흉물에 불과하다.

나는 3년 넘게 부산시 공무원들에게 시스템에 관하여 강의와 워크숍을 진행했다. 그래서일까? 부산시는 지난해부터 도시 전체 육교의 절반인 130개 이상을 철거하고 그 아래에 횡단보도를 만들었다. 횡단보도의 턱은 높이고 그 넓이는 10미터도 넘게 만들었다. 여기에다 바닥은 울퉁불퉁하게 자연석 보도블록을 깔았다. 횡단보도 앞에서 멈추지 않고 그냥 달렸다가는 자동차가 망가질 수도 있다. 이제 모든 차들은 횡단보도 앞에서 자의든 타의든 일단 정지를 해야 한다. 지금 부산시에 가보면 육교를 구경하기 힘들게 되었다. 육교 밑을 무단횡단하는 시민은 아예 찾아볼 수도 없다.

저절로
되게 하라

●

행동을 일일이 간섭하거나 통제하지 않고 누가 말하지 않아도 스스로 움직이도록 하는 것이 바로 시스템이다. 그것은 마치 자연과도 같다. 자연을 보면 무한한 지혜가 생기는 것도 이 때문이다.

오직 인간만이 통제와 간섭이 필요하다. 시시때때로 통제와 간섭을 하면 누구나 스트레스를 견디지 못할 것이다.

'저절로 되게 하라'라는 시스템의 원리를 알고 나면 주변의 모든 것을 시스템으로 바꿀 수 있다. 결코 어려운 일이 아니다. 때로는 규칙Rule 을, 때로는 장치Tool를 만들면 된다.

상품의 품질이 만드는 사람의 기분에 따라 제멋대로 나온다면 동네 시장에 내다 파는 정도에서 만족해야 한다. 그러나 이제는 수출도 하고 국제무대에도 나가 경쟁해야 한다. 사람에 따라 품질이 좌우되지 않고 항상 최고 품질의 제품이 나오도록 할 수 없을까?

이러한 고민에서 나온 것이 국제품질규격 'ISO9000'이다. 일정한 규칙을 만들고 그대로 따라하면 최고 품질의 상품이 나올 수밖에 없다. 외국인 관광객이 많이 찾는 부산의 자갈치 횟집에서까지 ISO인증을 받는 이유도 이 때문이다.

시스템의 원리는 안전이나 생산성 향상에도 적용되고 있다. 산업공학을 연구하는 미국 학자들은 이 같은 시스템 이론을 가리켜 '풀 프루프 시스템Fool Proof System'이라 부르며 여러 가지 사례를 들어 설명했다. 그 중 대표적인 것 몇 가지를 들어보자.

방직기는 수천 가닥의 실을 모아 천을 짠다. 이때 실이 끊어진 채로 기계가 멈추지 않고 돌아간다면 그야말로 낭패다. 그렇다고 사람이 일일이 수천 가닥의 가느다란 실을 보면서 눈으로 확인하기란 쉽지 않다. 이때 한 직원이 아이디어를 냈다. 팽팽하게 당겨진 실 한 가닥 한 가닥마다 머리핀 같은 핀을 올려놓은 것이다. 실이 끊어지면 핀이 바닥에 떨어지고 그 순간 기계는 자동으로 멈춘다. 일본의 방직기 전문회사 닛산은 이 시스템 하나로 하루아침에 세계 방직기 시장을 석권했다. 사람이 일일이 확인할 필요 없이 '저절로 되게 하라'라는 시스템의 원리를 활용한 것이다.

안전에는 더욱더 이 원리가 필요하다. 공장에서 가장 많이 쓰는 프레스 기계는 조금만 잘못해도 손가락 절단사고를 일으킨다. 여기에도 시스템을 적용했다. 두 손으로 동시에 스위치를 눌러야만 프레스가 작동하도록 안전장치를 만든 것이다. 이 장치를 설치하고 난 뒤부터는 프레스 안전사고가 거의 발생하지 않았다.

백화점이나 대형마트의 에스컬레이터는 항상 위험이 도사리고 있다. 유모차나 카트는 더욱 그렇다. 그렇다면 유모차나 카트를 에스컬레이터에서 이용하지 못하게 할 수는 없을까? 시스템으로 간단히 해결할 수 있다. 에스컬레이터 입구 중간에 기둥을 설치하여 사람만 들어가도록 하면 된다. 이러한 장치는 공공시설에 많이 설치되어 있다.

공항이나 무역센터 등 외국인이 많이 이용하는 장소에 가면 계단 폭이 유달리 좁다는 것을 알 수 있다. 국제안전규격에 따라 좁게 만든 것이다. 넘어지더라도 금방 몸을 기댈 수 있도록 해서 큰 사고를 막기 위해서다. 안전손잡이가 있어도 계단 폭이 넓으면 안전사고는 언제든지 일어날 수 있기 때문이다.

그렇다면 우리나라 학교에 만들어놓은 계단을 한번 살펴보자. 폭이 2미터도 훨씬 넘는다. 계단 폭을 70센티미터 이내로 좁혀야만 아이들이 계단을 이용하는 데 안전하다. 우리는 아직도 안전보다 미관이 우선인 모양이다. 시스템 전문가의 시각에서 보면 우리나라 학교 곳곳은 안전한 곳이 아니다.

환자의 안전이 최우선인 병원에서 간혹 혈액형이 다른 혈액을 잘못 수혈하는 경우가 있다고 한다. 이러한 사고를 방지하기 위해 혈액 용기를 혈액형에 따라 색깔별로 구분하거나 혈액형이 다르면 아예 주사기 자체가 맞지 않도록 만들어 사고를 방지하기도 한다. 이 같은 원리는 주유사고에 유의해야 하는 주유소에서 이미 적용되고 있다. 경유와 휘발유의 주유기 자체를 다르게 만들어 경유 대신 휘발유를 잘못 주유하는 사고를 미리 방지하고 있는 것이다.

시스템은 일상생활에서도 많이 찾아볼 수 있다. 호텔에 가면 현관 입구에 열쇠를 꽂아야만 방에 불이 들어오고 TV와 에어컨이 작동한다. 키텍 시스템이라고 하는데, 숙박을 마치고 나올 때 열쇠를 뽑으면 전기로 작동되는 모든 기기들이 저절로 꺼지게 되어 있다. 손님이 나올 때 "에어컨을 *끄세요*. TV를 *끄세요*. 전등도 꼭 *끄고* 나오세요"라고 말할 필요가 없다. 이 장치를 아파트에 설치하면 편리할 뿐만 아니라 전기절약에 도움이 될 것이다.

비슷한 시스템을 은행에서도 확인할 수 있다. 바쁘다 보면 가끔 현금지급기에서 현금카드나 통장을 두고 나오거나 카드만 가져오고 현금을 놓아두고 나오는 일이 있다. 이 때문에 은행에서는 여러 가지 보완 시스템을 만들어놓고 있다. 가장 일반적인 시스템은 경고음이다. 돈이나 카드 중 하나를 가지고 가지 않을 경우 경고음이 울려 고객에게 돈을 가져가도록 하는 것이다. 10초 이내에 돈이나 카드를 안 가져가면 기계가 자동으로 회수해가기도 한다. 은행 직원은 즉시 고객에게 연락하여 돈이나 카드를 돌려주도록 안전장치가 되어 있다.

시스템의 원리를 알고 나면 자기 주변에서 개선사항이나 아이디어를 무궁무진하게 떠올릴 수 있다. "어! 저거, 내가 생각했던 아이디어인데……" 하면서 수시로 스치는 게 있을 것이다.

아이가 기저귀에 오줌을 쌌는지 엄마가 수시로 손을 넣어봐야 한다. 아이도 엄마도 짜증나는 일이다. 한 주부가 기저귀에 오줌이 닿으면 알람이 울리는 제품을 생각해냈다. 이제 알람소리를 듣고 기저귀를 갈면 된다. 또 아이에게 적당하게 따뜻한 우유를 먹이기 위해 우유병을 볼에 대보기도 하고 먹어보기도 해야 하는 불편함에 착상해 한 여고생이 온도감지 기능이 장착된 우유병을 특허 냈다.

초등학생은 미술시간이면 으레 고체풀을 사용한다. 그런데 아이들이 뚜껑을 잘 잃어버린다고 한다. 뚜껑을 잃어버리지 않게 할 수는 없을까? 초등학교 선생님들의 아이디어는 다양했다. 뚜껑에 끈을 달자는 아이디어부터 뚜껑에 자석을 붙이자는 아이디어까지 나왔다. 선생님들은 시스템에 대한 간단한 설명을 들은 뒤 30분도 안 되어 훌륭한 아이디어를 내놓았다. 이 제품은 현재 상품화되어 독일에 전량 수출하고 있다. 선생님들은 이 제품 하나로 3억 원의 특허료를 받았다.

원리는 간단하다. 기존의 고체풀은 아랫부분을 돌려야 풀이 나사처럼 돌아서 나오도록 되어 있다. 반면 이 제품은 뚜껑을 열고 그 뚜껑을 고체풀의 아랫부분에 꽂아 돌리게 하여 풀이 나오도록 되어 있다. 사용하는 동안에는 뚜껑이 아랫부분에 있어야 하니 절대 뚜껑을 잊어버릴 리가 없는 것이다.

아직도 우리 주변에는 온통 시스템을 적용할 수 있는 아이디어가 넘쳐흐른다. 당신도 한번 도전해보라. 자동차, 싱크대, 휴대폰, 옷장, 욕실, 식탁 등 조금 불편하고 잔소리를 해야 한다면 이를 시스템을 활용하여 간단히 해결할 수 있다.

행동을
바꾸는
100원

사람의 행동을 바꾸기 위해 의식에 호소하기보다 100원짜리 동전 하나가 훨씬 효과적일 때가 있다. 쇼핑센터에서는 카트를 제자리에 가져다 놓기 위한 시스템으로 동전을 이용한다. 카트를 가져갈 때는 100원짜리 동전을 넣고 반대로 제자리에 가져다 놓으면 동전을 가져갈 수 있다. 고객이 100원을 포기하고 아무데나 카트를 놓아두면 아르바이트 학생이 100원을 챙기면서 제자리에 가져다 놓는다. 쇼핑센터로서는 그야말로 손해날 일 없이 자연스럽게 회수할 수 있다. 손님에게 일일이 "쇼핑카트를 제자리에 가져다 놓아주세요"라고 말할 필요가 없는 것이다. 이같이 특정 대상을 소리 없이 통제하는 것을 가리켜 '통제 시스템Control System'이라고 한다.

소주병의 공병 보증금이나 테이크아웃 커피의 1회용 컵 보증금의 경우도 같은 원리다. 사무실에서 무료로 커피를 타 마시다가 100원짜리 동전자판기로 바꾸었더니 커피 마시는 양이 절반으로 줄었다. 무료 주차에서 10분당 100원의 주차료를 받으니 주차장이 텅 비었다. 굳이 '100원짜리 하나를 가지고 사람을 통제해야 할까' 싶기도 하지만 돈은 사람을 통제하는 가장 빠른 수단이다. 이 같은 시스템은 사람이나 조직을 통제하는 데 가장 효과적이다.

전라북도 모 군청에서 시스템 교육과 워크숍을 열었다. 잘 안 지켜지거나 고질적인 것, 잔소리를 해야만 하는 것, 자주 발생하는 문제 등을 골라 주제를 선정하고 문제 해결을 위한 시스템을 만들었다.

한 팀의 주제를 보니 사소한 문제였지만 시스템 전문가인 나도 그 해답이 나올까 싶었다. 그 팀에서 내놓은 주제는 사무실 전화를 서로 미루고 안 받는 문제에 대한 해결방안을 찾는 것이었다.

이 주제를 내놓은 군청 산림계에는 직원이 총 아홉 명이었는데 대표전화는 하나뿐이었다. 산림계에 전화가 오면 전화벨이 각자 테이블에 동시에 울리는 키폰 시스템이다. 누구든지 전화기의 #버튼을 누르면 먼저 전화를 받아 다시 담당자에게 넘겨주어 전화를 받도록 하는 대표전화 시스템이다. 당시에는 유행처럼 모든 관공서에서 고객만족도를 조사하여 근무평가에 반영을 하고 있을 때였다. 전화벨이 세 번 이상 울리면 감점을 당하도록 되어 있다 보니 간부들은 여간 신경이 곤두서는 게 아니었다.

처음에는 너나할 것 없이 서로 먼저 전화를 잘 받았다. 문제는 두어 달이 지나면서부터였다. 전화벨이 울려도 서로 미루고 전화를 잘 받지 않았기 때문이다. 담당 계장은 이 문제를 해결하기 위해 순번제로 전화 당번을 정하기도 하고 때로는 전화를 잘 안 받는 직원에게는 언성도 높여가며 윽박지르기도 했다. 정기적으로 서비스 교육을 시키는 등 온갖 방법을 다 동원했다고 한다.

스스로 전화를 받게 할 수는 없을까? 온갖 아이디어가 나왔다. 자동으로 전화를 받는 횟수가 체크되는 시스템을 놓으면 좋겠지만 수억 원의 예산이 들어간다. 20여 분 뒤 그들은 훌륭한 답을 발표했다. 그것은 다름 아닌 사무실 테이블 중앙에 동전사발을 놓는 것이었다. 시스템은 간단하다. 아침에 출근을 하면 모든 사람이 각자 2,000원씩을 내놓는다. 그러면 총무는 모은 돈을 100원짜리 동전으로 바꿔 중앙에 있는 동전사발에 넣는다. 그리고 누구든지 전화를 받는 사람은 100원짜리 동전을 하나 가져간다. 결국 전화 한 통화 받는 값이 100원인 셈이다. 효과는 대단했다. 전화벨이 울리기가 무섭게 서로 전화를 받으려고 했다. 나중에는 두 번 이상 전화벨이 울리고 나서야 전화를 받도록 규칙을 만들었다.

또 어느 한 사람이 하루에 너무 많은 돈을 가져가는 것을 방지하기 위해 한 사람이 5,000원 이상 가져가지 못하도록 1일 상한제도 두었다고 한다. 그들은 동전사발과 규칙을 잘 만들어 전화를 서로 받도록 통제 시스템을 자체 구축한 것이다.

경주에 있는 모 자동차 회사는 시스템 워크숍 주제로 제안제도 활성화 문제를 선정했다. 대부분 회사들처럼 이 회사 역시 제안 건수를 월별, 부서별, 개인별로 집계하고 포상한다. 그런데 제안 건수가 좀처럼 늘지 않아 주제로 올라온 것이다.

그들은 단 한 시간의 시스템 강의를 듣고 훌륭한 해결방안을 내놓았다. 그들이 내놓은 아이디어는 '즉석제안평가제도' 시스템이었다. 이 제도는 일주일 동안 제안을 모아두었다가 매주 금요일 오후에 평가위원에게 직접 제출하는 것이다. 세 명의 평가위원은 직원들이 제안을 들고 오면 특별한 문제가 없는 한 즉석에서 건당 1만 원을 지급한다. 그리고 접수된 제안을 면밀하게 심사하여 등급을 정하고 추가로 포상금을 지급한다. 제출된 제안 내용이 너무 부실하면 참가상으로 선정하여 5천 원을 지급한다. 이 경우 이미 1만 원을 지급했기 때문에 나중에 월급에서 5천 원을 공제한다.

선거결과를 단 두세 시간도 참지 못하고 마감 즉시 알고 싶어 하는 게 인간이다. 수십억 원 예산을 들이면서까지 출구조사를 하는 것도 이 때문이다. 우리는 유달리 속도에 민감한 민족이다. 만약 프로야구경기 결과가 경기 다음 날 나온다면 아무도 경기장에 안 갈 것이다.

그전까지만 해도 제안을 올리는 절차가 복잡했을 뿐만 아니라 두세 달이 넘게 그 결과를 기다려야 했다. 성질 급한 한국사람에게 즉석에서 결과를 알려주니 '즉석제안평가제도'의 효과는 대단히 클 수밖에 없었다.

이후 이 회사는 '대필 제안제도'와 '전화 제안제도'라는 획기적인 제안제도 시스템까지 도입했다. 사실 제안을 하려고 해도 대부분 사원들은 제안 양식만 보면 뭐부터 써야 할지 아이디어가 머릿속에서만 빙빙거리고 막막하다. 반면에 컴퓨터 자판기에 손이 가면 저절로 글발이 서는 사람도 있다. 대필 제안자는 회사에서 일정한 요건을 갖춘 자를 지정했다.

'전화 제안제도'는 말 그대로 전화를 이용하여 제안 담당자에게 제안하는 것이다. 이 제도 역시 많은 호응을 얻고 있다고 한다. 이 회사는 이 같은 제안 시스템을 구축한 뒤 3개월 만에 제안 건수가 22배나 늘었다고 한다.

평가는
의외로
강력하다

●

우리는 매일 평가 속에서 살아간다. 때로는 가장으로서 때로는 이웃으로서 좋은 평가를 받기 위해 여러모로 애를 쓴다. 직장에서도 좋은 평가를 받기 위해 업무에 최선을 다한다.

평가는 인간만이 가질 수 있는 특권으로서 우리 사회는 평가를 통해서 발전한다. 뿐만 아니라 평가는 인간의 욕구와 경쟁심을 자극한다. 평가를 통해서 그 결과를 실시간으로 숫자로 나타내는 것이 스포츠다. 스포츠 기록이 해마다 경신되는 것도 이 때문이다. 이 같이 '평가 시스템Rating system'은 인간 발전을 위한 가장 좋은 시스템이기도 하다.

상품이 평가를 통해서 가격과 등급이 결정되는 것처럼 조직도 평가를 통해 발전한다. 평가를 외면하는 조직에게 성장은 기대하기 힘들다. 기업에서는 공장이나 부서별로 평가를 하여 성과금을 달리 지급한다. 여기에 개인별로 평가하여 승진이나 연봉을 달리하기도 한다.

평가의 위력이 대단한 만큼 평가를 하지 않는 기업이나 조직은 거의 없다. 그런데 유일하게 평가를 하지 않는 곳이 있다. 바로 우리나라 대부분 기업의 생산현장이다. 해가 지나면 호봉이 오르고 급여도 저절로 오른다. 당연히 그곳에서 일하는 근로자의 발전은 기대하기 힘들다.

나는 10년이 넘는 기간을 생산현장의 평가 시스템을 연구하고 이를 현장에서 직접 지도하고 있다. 바로 '기술자격 인증제도'이다. 이 제도는 근로자의 기술 수준에 따라 등급을 정하고 개인별로 평가하는 것이다. 그리고 합격을 하면 정부가 인정하는 기술자격증을 준다.

처음에는 평가를 부담스러워 했던 근로자들도 막상 평가를 받고 합격하고 나면 가장 만족스러워했다. 아이가 아프다고 주사를 놓지 않는다면 어찌되겠는가. 시험 보기 싫다고 학교에서 평가를 거부한다면 아이가 공부를 하겠는가. 그동안 근로자의 눈치를 보느라 평가를 외면했던 기업들도 이제 하나둘 기술자격 인증에 관심을 두고 있다.

한편, 학생들의 성적 하나만을 가지고 평가하는 방식은 분명 문제지만 오늘날 한국의 높은 교육 수준은 등수를 매기는 평가 시스템 덕분이기도 하다. 일선 학교는 학생들의 성적뿐만 아니라 교사도 평가를 한다. 교사는 좋은 평점을 받기 위해 보이지 않는 노력을 한다. 학교역시 상급기관으로부터 다양한 분야에서 평가를 받는다.

그런데 기업의 생산현장처럼 학교에서도 평가를 받지 않은 곳이 있다. 그것은 바로 급식이다. 혹시 자녀가 다니는 학교식당에서 점심을 먹어본 적이 있는가? 모두가 그런 것은 아니지만 대부분 학교 급식을 보면 원가에 비해 턱없이 질이 낮은 것을 알 수 있다.

　기업체의 경우 대부분 한 끼 식사비에 2,500원이 들어간다. 3,000원이면 최고 수준이다. 성인이 3,000원 정도의 비용이라면 초등학교는 70퍼센트 수준이라고 보면 적정하다. 2,100원 정도의 비용이면 어린 학생들이 최고급 점심을 먹을 수 있는 것이다.

　그런데 왜 학교 급식의 수준이 이렇게 떨어진 것일까? 정책자는 그 원인을 직영이 아닌 위탁 방식 때문이라고 진단했다. 그래서 전국의 모든 학교 급식을 직영 방식으로 돌렸다. 언뜻 보기에 위탁 업체가 중간 이윤을 취하니 직영으로 하면 좋을 것이라고 생각한 모양이다. 그러나 대부분 기업들은 자체적으로 구내식당을 운영하지 않고 급식 전문기관에 위탁을 준다. 기업에서 직영을 하면 귀찮아서 그랬을까? 기업마다 직원들의 복지는 무엇보다 최우선시한다. 그중 급식은 가장 중요하게 다룬다. 직영보다 모든 면에서 차이가 나기 때문에 위탁을 택한 것이다. 무엇이든지 전문가가 있다. 급식도 마찬가지다. 급식에 있어서는 위탁 업체가 모든 면에서 훨씬 전문성을 가지고 있다.

　사실 영양사 한 사람이 수천 명의 식당을 관리하기란 쉽지 않다. 하루 2,000명이 넘는 손님이 찾는 식당을 경영하는 사장은 어느 정도 실력을 갖추고 있어야 하겠는가. 식당의 위치, 음식 맛, 종업원의 친절, 식당의 메뉴, 식당 내부시설에서부터 식자재 구매에 이르기까지 식당 경영을 총괄할 수 있는 실력이 있어야 한다.

　그러나 지금 학교 급식은 영양사, 학교장, 행정과장 등이 그 역할을 수행하고 있다. 과거와 달리 아이들을 가르치기에 어려움이 많은 것이 요즘의 학교 현실이다. 선생님들이 아이들 교육에 온힘을 기울여도 부족할 판에 급식문제에 엉뚱한 에너지를 낭비하고 있는 것이다.

몇 년 전 우리 연구소에서는 학교 급식문제가 불거지자 그 해결책으로 '학교 급식 인증제도'를 만들어 지방의 한 교육청에 도입을 제안해서 지금 시행을 앞두고 있다. 그 내용을 보면 학교 급식을 평가하여 등급을 매기는 것이다. 그리고 등급에 따라 병아리 표시를 한다. 마치 호텔의 등급을 무궁화 표시로 현관에 표시하는 것처럼 말이다. 그렇게 되면 학생이나 학부모들은 자신 또는 자녀가 다니는 학교 급식의 등급을 알고 다른 학교와 비교하여 판단해볼 수 있다.

학교장을 비롯하여 학교 급식 담당자는 서로 높은 등급을 받기 위해 최선을 다할 것이다. 만약 평가 항목에 식당 환경을 넣는다면 최고급 레스토랑처럼 최고의 시설이 되도록 식당을 꾸밀 것이다. 좋은 음악을 들려주기 위해 음악 전문가에게 코디를 받아 식사에 도움이 되는 음악을 틀어줄 수도 있다. 메뉴와 맛을 평가 항목으로 넣는다면 메뉴 구성에서 철저한 검증과 영양식단 구성을 위해 노력할 것이다.

급식 평가를 위해서 외부 전문가로 구성된 심사평가단을 구성하도록 했다. 무엇보다 심사 항목이 중요하다. 급식설비 관리부터 식자재 관리, 배식 관리, 식당시설, 환경, 위생 및 안전 관리, 식자재 구매 관리, 회계 및 원가 관리, 영양 및 메뉴 관리, 직원의 교육 및 건강 관리까지 모든 항목을 평가한다. 또한 학생, 학부모, 요리 전문가로 구성된 별도의 고객평가단을 구성하여 밥맛에 대한 고객만족도 조사를 반영하도록 했다.

그런데 해당 교육감은 시행을 앞두고 고민에 빠졌다. 학교 간의 과열경쟁을 우려한 것이다. 또 병아리 숫자가 적은 학교의 학부모들 불만을 어떻게 감당할지에 대한 염려도 솔직히 털어놓았다.

뿐만 아니라 막상 평가를 하려고 보니 일선 학교에 평가를 받을 만한 수준의 인력이 없었다. 이 문제를 해결하기 위해서는 당장 학교에서 단체급식 전문가를 양성해야 한다. 학교 급식 전문가는 2,000~3,000명의 대형식당을 운영하는 경영자의 능력과 자질을 갖추어야 한다. 따라서 기존의 음악이나 체육 교과 전담교사처럼 급식 전담교사를 양성하거나 채용하는 것도 한 방법이다. 급식 전문가가 급식설비 관리에서부터 학교식당 운영의 전반에 걸쳐 관리와 경영을 할 수 있도록 인력을 양성해야 한다. 이를 위해 별도의 교육과정을 개발하여 교육을 하고 난 후 일정 자격을 갖춘 사람에 한하여 자격을 부여하는 방법도 검토할 수 있다. 또한 기업체 대형식당 운영 경력자 등 외부 전문가를 위촉, 시범적으로 운영하여 그 효과를 확인 후 조금씩 확대하는 것도 좋은 방법이다.

없애기만
해도
되는데

●

"음식물을 남기면 벌금 5,000원!"

뷔페식당에서 많이 보았던 문구다. 그렇다고 남긴 음식 때문에 벌금 5,000원을 내는 고객은 거의 없다. 그만큼 불특정 다수를 상대해야 하는 일반 식당에서 음식물을 줄이기란 쉽지 않다.

반면에 공공기관이나 일반 회사들은 음식물을 줄이기 위해 온갖 방법을 동원한다. 어떤 회사는 잔반통을 멀리 후미진 구석에 가져다 놓기도 한다. 남은 음식물을 버리려면 힘들게 가야 하니 가기 싫어서라도 음식물을 안 남길 것이라는 생각에서다. 또 잔반통을 주방 안쪽 영양사나 조리사가 보이는 곳에 놓는다. 음식물을 남기면 미안한 마음이 생기도록 하는 것이다. 음식물을 안 남기는 사람에게 과일이나 디저트를 주고 음식을 남기는 사람은 그냥 보내는 선별적 인센티브를 적용하는 회사도 있다.

그러나 가장 확실한 방법은 잔반통을 없애버리는 것이다. 그러면 남은 음식물을 버릴 수가 없으니 배식할 때 누구나 조심해서 음식을 적당히 담기 때문이다.

비슷한 예인데, 사무실에서 책상 밑에 둔 개인 쓰레기통만 없애도 사무실 쓰레기 80퍼센트를 줄일 수 있다.

아이가 호주머니에 손을 넣고 다니면 사고 위험이 몇 배나 커진다. 그래서 어른들은 '호주머니에 손 넣지 마라'고 항상 주의를 준다. 호주머니를 없애버리거나 꿰매버리면 아이가 호주머니에 손을 넣는 일은 없을 것이다.

오래전에 지은 아파트를 보면 층층마다 쓰레기 투입구가 별도로 있었다. 대단히 편리했다. 쓰레기가 생기면 뒤 베란다에 가서 그냥 투입구에 버리면 그만이었다. 음식물 찌꺼기에서 똥기저귀까지 아무거나 막 버렸다. 그러자 투입구를 개선했다. 그보다 나중에 지은 아파트에는 쓰레기 투입구를 두 군데나 만들었다. 하나는 젖은 쓰레기, 또 하나는 마른 쓰레기를 버리는 투입구였다.

당시 반상회 때마다 나오는 이야기가 있다. "제발 마른 쓰레기, 젖은 쓰레기를 구별해서 버리자"는 것이었다. 방송에서 젖은 쓰레기, 마른 쓰레기 구별 못하고 마구 버리는 시민의식을 고발하기도 했다. 올림픽을 유치하고 이제 선진국으로 가야 하는데 그런 간단한 것도 구별 못하고 마구 버린다고 말이다. 소득이 높아지고 시민의식도 성숙해지면 쓰레기 배출량이 줄어야 되는데 반대로 늘어나고 있었다. 마음대로 버리라고 쓰레기 투입구를 두 개나 만들어놓았으니 당연한 결과다. 만약 아파트에 쓰레기 투입구만 없었어도 쓰레기는 절반 이상 줄어들었을 것이다.

오래전 준비가 덜 된 상태에서 시행된 자방자치제는 지방정부에게 쓰레기 처리 문제라는 큰 고민거리를 안겨주었다. 자기 지역도 아닌 곳에서 발생한 쓰레기를 가지고 자기 지역에 들어오니 아예 쓰레기차가 들어오지 못하게 가로막았다. 급기야 돈으로 흥정을 해야 했다. 쓰레기 한 차당 얼마씩 내고 버려야 했다. 어떤 지자체에서는 지역주민이 교대로 지켜가며 일일이 돈을 받아냈다. 쓰레기를 줄이자고 캠페인을 벌리고 방송에서는 쓰레기 줄이기 공익광고를 내보냈다. 그러나 쓰레기는 점점 늘어나고 있었다.

이때 쓰레기 처리 문제에 해답을 준 지자체가 나타났다. 경남 창원시가 전국 지자체 중 처음으로 쓰레기 종량제 시범사업을 시행한 것이다. 그동안 그냥 버리던 쓰레기를 돈을 주고 버려야 하니 창원시민들의 불만은 이만저만이 아니었다. 당장 시에서는 아파트 뒤 베란다에 있는 쓰레기 투입구부터 강제로 막아버렸다. 시민들은 일일이 아파트 단지에 마련된 쓰레기 수거장까지 가서 쓰레기를 버려야 했다. 시민들의 불만은 더해갔다. 무엇보다도 쓰레기봉투를 돈을 주고 사야 한다는 것에 대하여 시민들의 반대가 심했다.

그럼에도 효과는 빨리 나타났다. 그동안 마구잡이로 버렸던 쓰레기가 시행 한 달 만에 50퍼센트 이상 줄었다. 쓰레기봉투에 드는 비용이 아까워 쓰레기를 차 트렁크에 싣고 회사에 출근하여 몰래 버리는 사람도 있었다. 가정집에서는 음식물 쓰레기를 줄이기 위하여 가족 간에 신경전이 벌어지기도 했다. 야심한 밤에 쓰레기를 남의 집앞에 가져다 버리는 얌체족이 생겨나기도 했다.

시에서는 서둘러 법을 보완했다. 아무데나 쓰레기를 버리면 30만 원의 과태료를 부과하기로 했다. 이 정도가 되니 시행 6개월 만에 창원시의 쓰레기 배출량은 종량제 시행 전보다 70퍼센트 이상 줄어들었다. 이 제도의 성과는 매우 만족이었다. 더 이상 기다릴 필요가 없었다. 이렇게 시작된 쓰레기 종량제는 전국으로 확대 시행되었다.

이후에도 쓰레기 종량제는 꾸준하게 문제점이 보완되었다. 처음에는 음식물도 다른 쓰레기와 같이 봉투에 담아 버렸지만, 나중에는 퇴비로 사용하기 위해 별도로 분리하여 배출하도록 했다. 이를 위해 전 가정에 음식물 수거 용기를 보급했다. 이때 일반쓰레기와 달리 음식물 쓰레기는 공짜로 수거했다. 그런데 항상 공짜가 문제다. 음식물 쓰레기 배출량이 줄어들지를 않으니 말이다. 2010년 전주에서는 최초로 전자칩 방식을 도입해 집집마다 음식물 배출량을 자동으로 체크하여 요금을 부과했다. 그러자 쓰레기가 60퍼센트 이상 줄었다. 이 장치는 지금 전국으로 확대 시행되고 있다.

가정집과는 달리 구내식당이나 공동주택단지는 아직도 음식물 쓰레기 종량제를 실시하지 못해 고민하고 있다. 환경부가 이 문제를 해결하기 위해 발 벗고 나섰다. 산하기관 12곳을 대상으로 음식물 쓰레기 줄이기 캠페인을 벌인 것이다. 가장 우수한 기관은 포상을 하기로 하고 대대적인 홍보에 나섰다. 우선 과천 청사에 있는 구내식당부터 저울을 설치하고 매일 잔반을 측정한 후 게시판에 공고하여 식당 이용자들에게 무언의 압력을 행사하기도 했다.

"어제 하루 우리가 남긴 음식 쓰레기 320kg"

그러나 공고 후에도 효과는 별로 없었다. 그러자 이번에는 1인당 음식물 쓰레기 배출량으로 환산하여 다시 게시판에 공고했다.

"어제 여러분이 남긴 음식물 1인당 144g"

내심 기대를 했지만 이 역시 별 효과를 보지 못했다.

"국민 1인당 음식물 쓰레기 발생량 100g, 우리는 144g, 우리가 일반 국민보다 44g이나 더 많아요"라고 더 강도 높은 문구가 게시되었지만 역시 큰 효과는 없었다. 그러나 이런 구호가 부질없다는 것을 독자들은 이미 알고 있을 것이다.

마침 부산에 있는 낙동강 환경청에서 음식물 잔반을 제로에 가깝게 줄이는 데 성공하여 화제를 모았다. 직원 140여 명이 궁리 끝에 획기적인 아이디어를 낸 것이다. 그 아이디어는 바로 '부서별 잔반 실명제'였다. 구내식당에 부서별로 잔반통을 가져다 놓고 자기 부서 통에만 잔반을 넣도록 한 것이다. 그리고 어떤 부서의 잔반이 가장 많은지 매일매일 그 실적을 공개했다. 효과는 곧바로 나타났다. 부서별로 앞 다투어 잔반을 줄였다. 어느 부서는 잔반 담당자를 정하여 식당에서 감시를 하기도 했다. 부서끼리 단체로 식사를 하면서 서로 누가 음식을

남기는지 견제를 하기도 했다. 잔반 남기기가 두려운 직원은 아예 구
내식당에 가는 것을 포기하는 웃지 못 할 일이 벌어졌다. 부서별 잔반
실명제가 시행된 지 일주일도 채 안 되어 식당에서 잔반은 거의 찾아
볼 수 없게 되었다.

환경을 바꾸면
의식은
저절로 바뀐다

●

사람의 의식을 바꾸기 위해 교육을 수백 번 하기보다 주변 환경을 바꾸는 것이 더 효과적이다. 기업에서 의식교육보다도 '3정5S 3정은 정위치, 정품, 정량, 5S는 정리, 정돈, 청소, 청결, 습관화'라 하여 정리정돈부터 하는 것도 이 때문이다.

얼마 전 모 신문사에서는 거실에 TV 대신 책장을 들여놓자는 운동을 벌였다. 이른바 "거실을 서재로 만들기" 캠페인이었다. 대부분 가정에서 거실 소파에 앉는 순간 자연스럽게 TV 화면에 눈이 간다. 가족 간대화공간의 중심이 되어야 할 거실이 TV 중심으로 바뀌어버린 것이다. 굳이 거실을 서재로 꾸미지 않고 TV만 없애도 집안의 분위기는 금세달라진다.

아파트 문을 한번 보자. 철제문으로 된 현관문은 교도소 문을 방불케 한다. 방문은 또 어떤가. 바람 한 점 들어갈 틈도 없이 꽉 막혀 있다.

아파트에 살고 있는 한 부모와 아이들 사이에 소통이 잘 될 리가 없다. 아이들 책상에 PC 모니터가 놓여 있다면 자녀와의 소통은 포기해야 한다.

우리나라 전통 문을 보면 어느 것 하나 꽉 막힌 문이 없다. 빛이 드나드는 창살문에 문틈도 넉넉하게 만들어 문풍지를 발랐다. 문짝을 짜 맞추는 기술이 부족해서 그렇게 만들지는 않았을 것이다.

평소에 파동이나 기에 관심을 컸던 나는 아이들 방문부터 바꿔보기로 했다. 답답했던 창문에는 팔각 틀에 완자 창살을 내어 창호지를 바르고 기가 흐르도록 했다. 그래서일까? 우리 아이들은 유난히 벽이 없다. 방문을 닫고 들어가 있어도 서로 단절되어 있다는 생각이 전혀 들지 않는다. 당장 아이들 방문만이라도 창살문으로 바꾸어보자. 그동안 멀어졌던 자녀와의 거리가 저절로 가까워질 것이다. 행여 아이들 방에 방문이 잠겨 무슨 일이라도 생기면 창살을 밀어재치고 들어갈 수도 있다.

누구나 휘황찬란한 밤거리를 지나가다 보면 괜히 들뜬 마음에 친구들과 어울리게 된다. 반대로 고요한 산사에 가면 마음까지도 차분해진다. 차들이 질주하고 사람 하나 없는 다리 위를 혼자 걷다 보면 세상에 나 혼자라는 생각이 든다. 인적이 드문 한강 다리에서 자살자가 많은 것도 이 때문이다.

지난 9년 동안 1,090명이나 되는 사람들이 한강 다리에서 자살을 했다. 그런데 29개 한강다리 중 유독 마포대교에서만 가장 많은 188명이 투신을 하여 일명 죽음의 다리로 불리게 되었다. 이쯤 되자 서울시에서는 자살을 방지하기 위한 대책을 세우기에 골머리를 앓고 있었다.

여기에 한 생명보험사가 발 벗고 나섰다. 서울시와 양해각서를 채결하고 마포대교를 죽음의 다리에서 생명의 다리로 바꾸는 작업을 시작했다. 1년여의 준비 끝에 이 다리가 세상에 공개되었다. 그리고 그 과정이 동영상에 담겨 인터넷을 통해 세상에 알려졌다.

보는 이에게 잔잔한 감동을 준 이 동영상은 네티즌의 큰 관심을 받으며 많은 조회수를 기록했다. 내용을 보면 자살을 방지하기 위한 일반시민들의 의견을 듣는 인터뷰로 시작된다.

"다리 난간을 높이면 될 것 같은데요."

"아예 사람들은 못 다니게 다리 입구를 막아버리면 돼요."

"안전망을 설치하면 자살을 막을 수 있을 것 같은데……."

"CCTV를 설치하고 24시간 감시를 하면 될 것 같아요."

그러나 이런 방법을 써봐야 한강에 있는 다른 다리에 가서 자살을 하든지 다른 자살 방법을 택할 것이다. 생명보험사는 생명의 다리를 만들기 위한 프로젝트 팀을 구성했다. 그들은 자살을 시도하려는 사람들의 마음을 어떻게 하면 돌려놓을 수 있을까를 고민했다. 그리고 자살하는 사람들에게서 문제 해결을 찾지 않고 자살을 하는 다리에서 그 해결책을 찾으려고 했다. 다름 아닌 시스템으로 문제를 해결하고자 했던 것이다.

먼저 그 해답을 불빛에서부터 찾아나갔다. 다리 위로 사람이 지나

가면 센서가 작동하여 불이 켜지도록 가로등을 설치했다. 다리 난간 곳곳에 감동을 주는 글귀를 써 붙이자는 아이디어도 나왔다. "밥은 먹었니?"부터 시작해 "잘 지내지?" 등등 보기만 해도 코끝이 찡해지는 글귀들이 하나둘 모아졌다.

저녁에는 불빛을 받아 글씨가 선명하게 보이도록 아크릴 패널 속에 LED 조명을 설치했다. 군데군데 감동적인 사진도 넣었다. 사진은 사랑하는 부모님의 모습, 친구와 연인의 모습 등 일상적인 가족과 이웃의 모습을 자연스럽게 배치했다. 자살하려는 사람이 이 사진을 보고 인생의 아름다운 순간과 삶의 소중함을 떠올려 자살충동을 막고자 했다. 다리 중간쯤에는 다정한 친구끼리 서로 어루만져주는 조각상도 세워놓아 친구의 우정을 떠올리게 했다. 이제 죽음의 다리라고 불렸던 마포대교는 생명의 다리로 바뀌어 시민을 위한 힐링의 장소로 유명해졌다.

"죽겠다고 강물에 뛰어드는 사람을 일일이 어떻게 막아요!"

만약 자살하는 사람을 탓하고 대책을 강구했더라면 생명의 다리는 탄생하지 못했을 것이다.

나비축제로 유명해진 전라남도 함평에서는 요즘 잘 포장된 아스팔트길을 걷어내고 예전의 비포장도로로 복원하는 공사가 한창이다. 포장을 할 때는 언제고 이제 와서 걷어 내다니 그 이유는 무엇일까? 잘 닦인 아스팔트길은 차가 속도를 내고 달리기에 좋다. 그러다보니 차들이 서로 빨리 가려고 과속을 하기도 하고 가끔은 경운기나 자전거 사고로 이어지기도 했다. 그렇다고 멀리서 오는 손님인데 경찰이 단속을 하여 모처럼의 나들이에 기분 상하게 할 수는 없는 노릇이었다. 나비 축제에 어울리는 시골분위기를 만들어주고도 싶었다.

축제에 오는 어린이들에게 가장 있기 있는 코스는 소달구지였다. 그런데 소달구지는 아스팔트길보다 비포장도로가 제격이었다.

막상 소달구지 코스를 만들려고 보니 시골인데도 비포장길을 찾을 수가 없었다. 겨우 산비탈의 비포장길을 찾아 소달구지 코스를 만들었다. 잘 포장된 길을 놔두고 덜커덩거리는 비포장길인데도 모두가 좋아했다. 어린이뿐만이 아니었다. 어른들도 달구지를 타고 달리는 시골길을 더 좋아했다.

이참에 아스팔트길을 걷어내고 비포장길을 복원해보자는 의견이 나왔다. 아스팔트길을 걷어낸다고 하자 반대도 만만치 않았다. 그러나 막상 포장길을 걷어내고 비포장길을 복원하니 그 효과는 대단했다.

멀리서 오는 관광객들은 비포장길에 들어서자마자 자연스럽게 속도를 줄여야 한다. 속도를 줄이니 그동안 지나쳤던 주변 경관이 눈에 들어온다. 울퉁불퉁 덜컹거리는 길에 들어서면 벌써 느낌이 달라진다. 나비축제에 온 느낌을 온몸으로 느끼는 것이다. 시골길을 거닐고 싶은 마음에 차를 세우고 거니는 사람이 하나둘 늘어났다. 이런 사람들을 위해 곳곳에 주차장을 만들어놓았다.

그러자 아예 차를 놔두고 한두 시간을 걸어서 축제에 오는 사람이 많아졌다. 시골길을 걸으면서 가족의 건강도 챙기고 여유롭게 주변을 구경하면서 축제에 오는 것이다. 중간 중간 주막도 생겨났다. 시골길을 걷다가 옛 정취를 더듬어 막걸리 한 사발로 목을 축이면서 그야말로 축제를 즐겼다. 그저 아스팔트길을 걷어내고 비포장길을 복원했는데 그 효과는 상상을 초월했던 것이다.

슬로우시티를 만들기 위해 포장길을 걷어내는 지자체가 늘고 있는 것은 다행한 일이다. 환경을 바꾸면 사람의 행동은 저절로 바뀐다. 이것이 바로 시스템의 힘이다.

가져가는 사람,
잃어버린 사람

●

전국의 지자체들은 앞 다투어 시민 편의를 위한 다양한 정책들을 내놓는다. 그러나 의도와는 다른 부작용 때문에 중간에 정책을 포기하는 경우도 허다하다.

경기도에 있는 모 시청 역시 시민들을 위해 많은 정책을 내놓았다. 그중 하나는 비오는 날 시민들을 위해 시청 민원실에 우산을 마련해두는 것이었다. 그런데 비가 오면 그 많던 우산이 거의 사라져버리는 문제가 생겼다. 시민들이 우산을 사용하고는 다시 가져오지 않기 때문이다. 마침 교육에 참석한 한 팀에서 이 문제를 주제로 선정했다. 나는 그들이 어떤 대책을 내놓을지 궁금했다.

토론이 시작되자마자 그동안 시민들에 대한 서운함부터 드러냈다.

"우리 시민들은 아직 멀었습니다. 선진국이요? 어림없는 소리지요. 우리나라 사람들은 안 됩니다. 우산 하나도 제자리에 갖다놓지 못하는

데요, 뭘."

나는 다시 한 번 그들에게 강조했다.

"우산을 가져간 사람을 탓하지 맙시다. 그렇게 만든 환경을 봐야지요. 물건을 가져간 사람보다 잃어버린 사람이 더 나쁘다는 말도 있잖아요."

화장실 들어갈 때 급한 마음과 나올 때 여유로운 마음에는 분명 차이가 있다. 화장실을 나와서도 딴 마음 생기지 않도록 안전장치를 해야 한다. 그것은 바로 시스템이다.

돈을 빌려갈 때는 죽는 시늉에 간까지 빼줄 것처럼 사정하던 사람이 갚을 때가 되면 전화기까지 꺼버리고 안면몰수다. 그렇기에 돈을 빌려주지 말든지, 처음부터 은행처럼 담보를 받든지, 아니면 보증을 세우든지 해야 딴생각을 하지 않는다. 외국에서 개인 간에 돈 거래가 없는 것도 이 때문이다.

토론이 시작되자 우산을 제자리에 가져다 놓게 하기 위한 온갖 아이디어가 나왔다. 우산을 돈을 주고 원가에 팔자는 아이디어부터 시작해 아예 시민들에게 우산을 주지 말자는 의견까지 나왔다. 그중 점수를 가장 많이 받아 최종 선택된 제안은 무지개 색깔을 넣은 우산을 민원실에 놓자는 아이디어였다. 무지개 색깔 우산은 시중에 없는 독특한 색상이니 멀리서 봐도 시청에서 가져온 우산이라는 것을 알 수 있다는 것이다. 때문에 급할 때 한두 번 사용하더라도 시민들은 무지개 우산을 대부분 민원실에 다시 가져다 놓을 거라는 것이다. 우산 회수를 위해 아파트 관리소나 시내 편의점을 지정하여 이곳에서도 무지개 우산을 반납하도록 하자는 의견도 더해졌다.

공병 보증금 제도처럼 우산 보증금 제도를 도입하자는 아이디어는 마지막까지 무지개 우산과 경쟁을 했다. 그밖에도 우산에 광고를 넣어 스폰서를 받자는 의견이나 시청의 캠페인 구호를 넣자는 의견 등 평소 생각지도 못한 훌륭한 아이디어가 쏟아져 나왔다.

자전거 타기 운동은 15년 전 경북 포항에서 먼저 시작됐지만 정작 결실을 맺은 곳은 곶감으로 유명한 경북 상주다. 포항에 한참 자전거 타기 붐이 조성될 때 자전거 타기 운동본부의 한 간부가 라디오에 나와 인터뷰를 한 것을 기억한다.

시민들을 위해 곳곳에 놓아둔 공용 자전거가 며칠만 지나면 없어져버린다는 것이다. 그 간부는 이제 시민들과 싸우는 것도 지쳤다면서 포항시민들을 원망했다. 그 후 포항시의 자전거 타기 운동은 흐지부지 끝나고 말았다.

같은 문제가 경북의 한 지자체에서 나왔다. 시민들에게 자전거 타기 운동을 확대하기 위해 공용자전거를 기부 받아 운영하고 있는데 여기에서도 자전거를 많이 잃어버린다는 것이었다. 워크숍을 시작하자 곧바로 좋은 아이디어가 나왔다. 그 해결책은 공용 자전거를 모두 노란색으로 페인트칠 하는 것이었다. 당시나 지금이나 택시는 노란색이 있지만 자전거는 노란색이 없다. 노란색 자전거는 멀리서 봐도 금방 눈에 띄게 되니 누가 가져갈 수도 없고 아예 가져갈 생각도 안 한다.

공공장소의 휴게소나 화장실에 있는 비누가 잘 없어진다. 이를 두고 고객을 탓하면 해결책이 안 나온다. 누구라도 비누를 가져갈 수 있기 때문이다. 집에 비누가 없어서든 호기심에서든 아니면 기념으로 가져가든 말이다. 그래서 나온 제품이 쇠꼬챙이에 비누를 매달아놓은 방법이다. 세면대 앞에 볼썽사납게 감나무에 마지막 감이 대롱대롱 매달리듯 비누를 달아놓았다. 고객들은 쇠꼬챙이에 달린 비누를 어루만지면서 사용했다. 이제 이 쇠꼬챙이 비누는 원터치 방식의 물비누가 나오면서 사라졌다. 화장실의 화장지도 가끔 없어진다. 그래서 나온 화장지가 점보 화장지다. 감히 들고 갈 엄두를 못 낸다.

요즘에는 1,000원짜리 찜질방 수건 하나도 도난방지칩이 내장되어 있기 때문에 가져갈 수가 없다. 1,000원짜리 수건 한 장에 도난 감시 장치까지 설치하다니 너무한 것 아닌가 싶지만 이 장치가 수준 높은 문화사회의 기초를 만드는 데 기여를 한다.

가끔 항공기 내에서 무릎에 덮는 담요를 가져가는 승객들을 비판하는 뉴스를 보게 된다. 그러나 담요는 얼마든지 가져갈 수 있다. 이제 가져간 고객을 탓하지 말고 담요에서 해결책을 찾아보자. 우선 찜질방의 수건처럼 담요에 칩을 내장하면 간단히 해결된다. 하지만 고객의 사생활을 생각한다면 담요에 칩을 내장하는 방법이 그리 좋은 것은 아니다. 먼저 항공기 담요를 한번 보자. 크기가 크지 않아 손가방에 넣을 수도 있고 유명 브랜드 디자인과 같이 고급스러워 고객들의 관심을 끌기에 충분하다. 모양은 정사각형으로 집에 가져가면 요긴하게 쓸 수 있다. 그렇다면 담요의 디자인이나 크기를 항공기 전용으로 바꾸는 것은 어떨까? 항공기 밖으로 가지고 나가면 쓸모가 없는 것으로 말이다.

이 문제에 대한 답을 찾기 위해 담요의 원가를 분석해보았다. 담요의 원가는 약 7,000원이었다. 현재 잃어버리는 담요를 보니 0.5퍼센트 정도라고 한다. 200명이 탑승을 하면 한 명 정도 가져간다는 얘기다. 이 정도면 고객서비스 차원에서 로스율로 인정해도 될 법하다. 담요에 항공사 고유의 심벌이나 디자인을 새겨 넣는다면 적은 돈으로 광고효과까지 볼 수도 있다.

주요 서류나 돈 가방의 도난을 방지하기 위한 장치가 날로 진화하고 있다. 안전가방이 대표적인 사례다. 주인의 몸에서 일정거리가 떨어지면 수만 볼트의 순간전류가 흘러 돈가방을 가져간 사람은 그 자리에서 기절을 하고 만다.

이 시스템에 착안하여 만든 게 디즈니랜드에 있는 미아방지 시스템이다. 어린이와 함께 입장하는 관람객에게 무료로 이 장치를 나누어준다. 어린이와 부모의 팔에 동시에 착용하고 난 후 두 사람이 5미터 이상 떨어지면 "엄마" 하는 경고음이 나오도록 되어 있다. 이 장치를 관람객에게 착용시킨 후 단 한 명의 미아도 발생하지 않았다고 한다. 이제 디즈니랜드에 가면 어린이를 잘 보호하라는 방송이나 미아 찾기 방송을 듣기 어렵다. 이 같은 미아방지 시스템을 최근 국내에서는 처음으로 해운대 해수욕장에서 도입해 큰 호응을 얻었다. 이 장치는 곧 전국의 해수욕장이나 유원지에 모두 설치가 될 계획이다.

2장

왜
시스템인가

누구나 간섭받거나 통제받는 것을 싫어하며 틀에 박힌 생활에서 벗어나 자유로운 삶을 꿈꾼다. 인간이 위대한 것도 이런 자유의지가 있기 때문이다. 그런데 시스템은 인간의 자유의지를 방해하고 정해진 규칙을 따르라고 요구한다. 자유롭게 행동하고 스스로 알아서 하면 되는데 웬 통제란 말인가. 시스템이라니, 거꾸로 가는 것 아닌가. 이렇게 정해진 시스템 속에서 살아가면 무슨 재미가 있을까?

이에 대한 궁금증을 풀기 위해 테니스 경기장으로 가보자. 경기를 하는데 규칙도 없고 네트도 없이 마음대로 공을 치면 선수나 보는 사람 모두 무슨 재미가 있겠는가. 우리가 스포츠에 열광하는 것은 일정한 규칙이 있고 일정한 규격을 갖춘 경기장이 있기 때문이다. 베토벤의 교향곡이 유명한 것도, 괴테의 시가 유명한 것도 일정한 규칙을 지켰기 때문이다.

일찍이 이러한 이치를 아는 이들은 시스템을 자기 분야에서 십분 활용했다. 공자는 유교적 덕목으로 풀어냈고 석가는 《법화경》으로 후대에 남겼다. 예수는 제자들에게 전했으며, 철학자들은 다양한 철학으로 풀어냈다. 미술가들은 화폭에 담았고 건축가들은 아름다운 건축물로 지어냈다.

아무렇게나 뛰어놀면 동네 아이들의 놀이에 지나지 않지만 일정한 규칙을 만들고 나면 훌륭한 스포츠로 인정을 받는다. 우리가 손맛과 정성으로 음식맛을 내는 동안 시스템을 아는 이들은 매뉴얼을 만들어 프랜차이즈 시스템을 앞

세워 넓은 세계시장을 정복해나갔다.

　세상에는 시스템을 아는 사람과 모르는 사람이 있다. 분명한 사실은 시스템을 아는 사람이 시스템을 모르는 사람을 지배한다는 사실이다. 우리는 앞서 시스템이 무엇인지를 살펴보았다. 이번 장은 시스템이 우리를 어떻게 통제하고 지배하고 있는지를 알아보자. 그리고 나서 왜 우리가 시스템을 알아야 하는지, 왜 시스템 사회로 가야 하는지 좀 더 구체적으로 살펴보자.

자본주의는
시스템이다

●

예전보다 소득이 몇 배 이상 높아졌다. 자동차도 많아지고 아파트 평수도 넓어졌다. 냉장고도 TV 화면도 더 커졌다. 빌딩은 하늘을 찌르고 도시는 더욱더 화려해졌다. 이제 우리는 두세 배 더 살기가 수월하고 행복해야 한다. 그런데 현실은 전혀 그렇지 않다. 모두들 예전보다 살기가 힘들어졌다고 하니 말이다. 도대체 왜 그럴까?

가장 큰 이유는 자본주의의 폐해 때문이다. 지금 세계는 자본주의라는 거대한 시스템의 지배를 받고 있다. 그나마 90년대 초까지는 공산주의라는 견제 세력이 있어서 자본주의가 그 실체를 드러내지 못했지만 공산주의가 몰락하자 자본주의가 이제 그 본색을 드러내고 있는 것이다.

자본주의는 무엇보다 돈이 지배하는 사회이다. 돈이 많은 국가, 돈이 많은 기업, 돈이 많은 사람이 그렇지 못한 국가와 기업과 개인을 지배한다. 그야말로 돈이 최고가 되는 세상이다. 이제 자본주의가 나온 지 250년이 되었다. 그동안 자본주의가 우리 인간에게 가져다준 것은 무엇일까?

《상식 밖의 경제학Predictably irrational》으로 유명한 듀크 대학교의 댄 애리얼리Dan Ariely 교수의 이야기를 들어보면 생각이 달라진다. 그에 따르면 자본주의는 우리에게 당장 돈을 쓰라고, 지금 당장 물건을 사라고 온갖 시스템을 만든다는 것이다.

백화점이나 호텔, 항공사 등은 돈을 많이 쓰는 사람을 VIP 고객으로 우대한다. 반대로 돈을 안 쓰는 사람은 그야말로 사람 취급도 못 받는다. 비행기를 타든 공연장에 가든 식당을 가든 돈에 따라 자리가 정해진다. 돈이 없는 사람은 기가 죽기 마련이다. 이 속에서 시스템을 모르면 자본주의의 노예로 살아가야 한다.

기업은 사람들이 지갑을 꺼내 돈을 쓰도록 끊임없이 연구한다. 백화점이나 대형 쇼핑몰을 가보면 매장 곳곳에 CCTV가 설치되어 있다. 고객들을 보호하기 위해 설치되어 있다고 생각하면 큰 오산이다. '마케터'라고 하는 전문가들은 실시간으로 CCTV 모니터를 보면서 고객의 움직임을 한순간도 놓치지 않고 분석한다. 그들은 카트를 가진 고객 90퍼센트 이상이 항상 왼쪽으로 움직인다는 사실을 알아냈다. 음악 전문가는 시간대에 따라 음악을 코디한다. 음악을 들으면 저절로 지갑을 열고 싶도록 곡을 선정한다. 향기를 연구하는 전문가는 매장에 어떤 향기가 나야 고객이 지갑을 열까를 연구한다. 심리 연구가들은 고객의 심리를 파악하는데, 주로 불안 심리를 자극한다. 물건이 얼마 없는 것처럼 자극을 하기도 한다.

그 결과 "마지막 떨이! 몇 개밖에 안 남았습니다! 몇 분 남지 않았습니다!"라고 외쳐댄다. 지금 물건을 사지 않으면 마치 손해 보는 것처럼 고객을 압박한다. 행여 지갑을 열다가 화장실이라도 가면 낭패다. 그래서 1층에는 화장실도 없앴다. 시계를 보고 시간에 쫓기다 보면 쇼핑에 몰입할 수가 없다. 벽에 있는 시계도 치웠다. 배가 고프면 제대로 쇼핑을 할 수 없다. 곳곳에 먹거리도 배치했다. 이렇게 되면 우리는 영락없이 마케터들이 만들어놓은 시스템에 의해 자신의 지갑을 열 수밖에 없다.

마케터들이 만들어놓은 광고를 보면 돈 없는 사람은 무능하거나 어리석은 사람일 뿐이다. 비싼 음식에 비싼 집, 명품까지 그야말로 사람답게 살려면 돈을 써야 한다고 은근히 압력을 가한다. 여기에 언론들도 가세한다. 당장 대출이라도 받아 아파트를 사지 않으면 평생 전세방 신세를 벗어나지 못할 것처럼 분위기를 만든다. 그들의 공략 대상은 주로 어른보다도 분별력이 부족한 청소년이나 감정에 약한 주부다.

시카고 대학교 교수인 리처드 탈러Richard H. Thaler는 그의 저서《넛지 Nudge》에서 이들을 가리켜 '선택설계자choice architect'라고 했다. 그는 초등학교 급식 실험을 예로 들어 설명했다. 영양사 캐롤린은 음식의 배열을 평소와 달리 바꾸어놓았다. 그러자 아이들은 평소보다 밥을 25퍼센트 더 많이 먹었다. 탈러 교수는 음식 배열을 바꾼 캐롤린이 바로 '선택설계자'라고 했다.

뷔페식당에 가면 김밥이나 잡채 등 싸고 양이 많은 음식이 맨 앞줄에 배열되어 있다. 값이 나가는 회 종류나 고급 음식은 맨 뒤나 눈에 잘 안 띄는 곳에 배열한다. 이러한 사실을 잘 모르고 이것저것 값싼 음식으로 그릇을 채우다 보면 정작 비싼 음식은 조금밖에 먹지 못한다. 어떤 사람은 아예 음식이 어디 있는지 찾지 못하여 맛도 못 본 채 나오기도 한다. 뷔페식당에서 수익을 위해 궁여지책으로 그런 것이지만 이들이야말로 탈러 교수가 말하는 선택설계자인 셈이다.

이처럼 선택설계자는 자신이 원하는 목적을 달성할 수 있도록 눈치 채지 못하게 상대를 끌어들인다. 당신이 물건을 사거나 서비스를 받는 대가로 돈을 지불했다면 선택설계자가 만들어놓은 시스템에 의해 지갑에서 돈을 꺼낸 것이다.

자동차가 낡아서 차를 바꾸는 경우는 거의 없다. 몇 년마다 바뀌는 디자인 때문에 새 차를 사는 경우가 대부분이다. 자동차 회사들은 같은 차종이라도 연식을 누구나 쉽게 알 수 있도록 해마다 디자인을 조금씩 바꾼다. 그리고 새 차를 타는 사람은 유능한 사람이고 연식이 오래된 차를 타면 무능한 사람이라고 은근히 부추긴다.

좀 더 공격적인 경우를 보자. 대표적인 사례가 휴대폰 디폴트 옵션이다. 소비자는 처음 휴대폰을 살 때 불필요한 통신 서비스 기능을 모두 포함하여 구매한다. 예를 들어, 컬러링, 친구 찾기 등 불필요한 부가 기능까지 영문도 모른 채 선택을 해놓는다. 통신사가 한 달은 서비스가 공짜라고 고객을 유혹했기 때문이다. 여기에 함정이 있다. 한 달은 공짜지만 고객이 해약을 통지하지 않는 한 자동으로 계약이 되어버리는 이른바 디폴트 옵션을 걸어놓은 것이다. 소비자는 이를 모른 채 휴대폰을 사용한다. 100명 중 한두 명만이 한 달 후 해지를 요청할 뿐 대부분은 잊어버리고 부가서비스 요금을 낸다. 꼼꼼한 사람이야 요금을 확인하겠지만 1년 이상 지나서야 자신도 모르게 부가서비스 한 건에 500원, 1,000원이 저절로 빠져나간다는 사실을 알게 된다. 통신사에 뒤늦게 항의하면 그때서야 해지를 해준다. 이 정도면 고객을 대상으로 사기를 치는 정도지만 항의하는 고객은 거의 없다.

어떤 상품은 제품 값이 저렴하다 보니 덜컥 구매를 해버린다. 하지만 정작 제품을 사용하려면 그 회사에서 만든 비싼 소모품을 써야만 한다. 프린터나 정수기가 대표적인 제품이다. 프린터 가격은 거의 원가 이하 수준이다. 그러나 잉크 카트리지 한 개 가격이 프린터와 거의 같다. 정수기는 거의 공짜에 가깝지만 매번 갈아야 하는 필터 값을 보면 배보다 배꼽이 더 크다.

소비자를 생각한다면 제품은 내구성이 좋을수록 좋다. 그러나 기업은 반대다. 빨리 망가져야 새로운 제품이 잘 팔린다. 특정 제품은 일부러 약하게 만들어 오래 쓰지 못하도록 해놓는다.

이 같은 실상만 보면 야비하고 비도덕적이라고 생각되겠지만, 이 모두가 돈을 벌기 위한 기업들의 마케팅 시스템 중 하나다. 자본주의에서 살아남기 위해 보이지 않는 시스템을 구축하는 것이다.

우리는 자본주의 사회를 피할 수는 없다. 대신 그들이 만들어놓은 시스템에서 당하지 않으면 된다. 그들의 끊임없는 공격 시스템에 당하지 않으려면 나도 시스템으로 방어를 해야 한다.

당장 휴대폰 요금 자동이체를 중지하고 요금 내역서부터 꼼꼼히 확인해보자. 물건을 살 때는 즉흥적으로 사지 말고 미리 적어놓은 품목만을 사도록 한다. 신용카드는 집에 두고 다니거나 아예 한도를 줄여놓는다. 회식자리에 나갈 때는 카드 대신 그날 쓸 현금만을 미리 챙긴다. 그러면 술김에 2차, 3차 돈을 쓰지는 않을 것이다.

동물의
뇌가
문제다

●

엘리베이터를 바로 앞에 두고 3층까지 걸어 올라가라고 한다. 어떤 느낌이 들까? 3층까지 올라가면 건강에 좋다. 전기세도 아낀다. 아예 7층까지 올라가면 더 좋다. 그런데도 사람들 대부분은 왜 계단으로 올라가지 않고 엘리베이터를 타는 것일까?

인간의 뇌는 건강에 좋고 전기세도 아끼는 것을 다 이해한다. 인간의 뇌는 그렇게 했으면 좋겠다. 아니 그렇게 하라고 한다. 그러나 우리 몸에는 인간의 뇌만 있는 것이 아니라 동물의 뇌를 동시에 가지고 있다. 인간의 뇌는 건강도 생각하고 에너지 절약도 생각하지만 동물의 뇌는 싫어한다.

'편한 엘리베이터를 놔두고 내가 왜 걸어가는데!' 하고 반발을 한다. 당장 눈앞의 편안함과 이익만을 생각한다. 이때 인간의 뇌와 동물의 뇌가 서로 대결하면 백전백승 동물의 뇌가 이긴다. 인간의 뇌는 마음과는 달리 바로 행동으로 옮기지 못한다. 동물의 뇌가 동의해야 한다. 그런데 동물의 뇌는 단순하다. 만약 3층까지 걸어서 올라가는 데 1,000원을 준다면 동물의 뇌는 당장 계단으로 오른다. 3층까지 오르는 2층 중간에 원두커피라도 한 잔 공짜로 준다면 동물의 뇌는 인간의 뇌보다 더 빨리 반응한다.

다른 방법을 써보자. 이번에는 3층까지 엘리베이터 버튼을 아예 못 누르게 장치를 해놓는다. 그러면 동물의 뇌는 쉽게 포기하고 걸어 올라간다. 다만 버튼을 못 쓰게 한 것에 대하여 인간의 뇌는 불만을 가질 것이다.

3층까지 엘리베이터를 타고 올라가다가 걸리는 사람에게는 3만 원의 과태료를 부과한다. 그러면 동물의 뇌는 벌금이 무서워 역시 계단을 이용할 것이다. 동물은 의식이 없기 때문에 벌금에 대한 불만도 없다. 하지만 인간의 뇌는 벌금에 대하여 불만을 갖는다. 인간의 뇌는 인센티브에 대해서는 불만이 없지만 페널티에 대해서는 불만을 갖기 때문이다. 동물의 뇌는 기회만 되면 인간의 뇌를 누르고 본색을 드러낸다. 금전이나 접대 등 강한 유혹이 들어오면 동물의 뇌는 눈빛이 흔들린다. 하지만 인간의 뇌에게 밀려 이내 평상심을 되찾고 유혹을 뿌리친다. 그러나 계속되는 유혹에 인간의 뇌는 점점 힘을 잃고 만다.

우리 대부분은 인간의 뇌를 기준으로 모든 것을 생각한다.

"설마 인간인데……."

"인간이 어쩌면 저럴 수가 있어!"

그러나 인간이 가진 동물의 뇌를 모르고 하는 소리다. 특히 우뇌형 민족인 우리나라 사람들이 동물의 뇌 성향과 결합하면 이성을 잃고 사고를 친다. 가끔 상상도 못하는 큰 사고를 내거나 유달리 부패가 많은 것도 이 때문이다.

동물의 뇌는 당장의 이익만을 생각한다. 나중에야 어떻게 되든 단한 시간, 단 하루의 뒷일을 생각하지 않는다. 그러다보니 먹을 것을 앞에 두고 그냥 지나치는 법이 없다.

잠자리에 들기 전에 라면이나 치킨 등 간식을 먹으면 건강에 좋지 않다. 동물의 뇌가 인간의 뇌보다 우위에 있는 사람은 이를 빤히 알면서도 즐긴다. 치킨을 앞에 두고 먹어야 할까 참아야 할까 망설이고 있다면 지금 내 몸 안에서는 동물의 뇌와 인간의 뇌가 서로 힘겨루기를 하고 있기 때문이다.

동물의 뇌는 교육이나 규칙만으로는 잘 통하지 않는다. 학교폭력이 끊이지 않는 것도 이 때문이다. 학교에서 동료를 괴롭히면 안 된다고 매일 교육한다. 학교폭력은 엄한 처벌이 있다는 것도 다 알고 있다. 자라나는 아이들은 아직 동물의 뇌가 인간의 뇌보다 더 우위에 있기 때문에 수백 번 말을 해도 소용없다.

어른이 되었어도 동물의 뇌가 우위에 있는 사람들은 뇌물이나 청탁에 약하다. 이 중 성범죄자들은 동물의 뇌가 유달리 강하다. 다른 범죄가 계획적인 것에 비해 대부분 성범죄는 순간의 육체적 욕망을 절제하지 못해 일어난다.

그렇다면 어떻게 해야 동물의 뇌를 다스릴 수 있을까?

동물의 뇌가 가장 무서워하는 것은 CCTV다. 그리고 주위의 감시와 불시에 실시하는 감찰이다. 그리고 자기보다 힘이 강한 자에게는 얌전한 애완견처럼 꼬리를 내린다.

동물의 뇌는 나중에 발각이 될 거라는 생각이 들면 이내 몸을 움츠린다. 대부분의 범죄는 들통이 나지 않을 거라는 확신에서 저지르기 때문이다. 얼마 전 모 대학 교수가 내연의 처를 죽이고 완전범죄를 노렸다. 그러나 SNS 문자메시지에 범죄의 단서를 남기고 말았다. 그는 그

인간의 뇌와 동물의 뇌 비교

인간의 뇌	동물의 뇌
새로운 것을 좋아함	익숙한 것을 좋아함
모험과 창조, 발전	과거 반복, 유지
지적인 의식 세계	육적인 무의식 세계
전체 중심	자기 중심
몸을 강하게 다스림	몸이 편안한 것을 좋아함
예측 불가능	예측 가능
살기 위해 먹는다	먹기 위해 산다
존재 중심의 삶	소유 중심의 삶
의욕과 보람, 몰입	포만감
인격을 위한 생활	몸을 위한 생활
의식으로 통제	시스템으로 통제

SNS 회사까지 찾아가 지우려고 했으나 특정 내용을 찾아 지울 수가 없었다. 그는 법정에서 그가 쓴 글이 보관되는 줄 알았다면 그 여자를 죽이지 않았을 것이라고 말했다.

사회 곳곳에 시스템이 구축되어 있으면 동물의 뇌는 자취를 감추고 인간의 뇌가 우위에 선다. 우리가 시스템으로 가야 할 이유이다.

현대사회는
너무
복잡하다

●

우리는 자신의 의지와는 상관없이 복잡사회의 중심에서 살아가고 있다. 이 복잡 다단한 사회를 원활하게 유지하기 위해 필요한 것이 시스템이다.

동창회나 결혼식을 가보면 여유로운 사람이 하나도 없다. 모두가 바쁘다. 하는 일이 많아서일까? 아니면 여기저기서 찾는 사람이 많아서일까? 외국에 잠시라도 다녀온 사람이라면 우리나라가 유독 더 그렇다는 사실을 알게 된다. 차분했던 마음은 사라지고 인천공항에 내리는 순간부터 왠지 바쁘다. 걸음걸이부터 다르다. 왜 그럴까?

예전에는 이웃마을 소식 정도를 아는 게 고작이어서 보고 듣는 게 없으니 살아가는 방식도 단순했다. 견물생심이라고 사람은 새로운 것을 보고 들을 때 욕망이 생기고 의욕도 생긴다.

조용했던 시골마을에 TV가 등장하자 사람들은 장님이 눈을 뜬 것처럼 다른 세상을 보게 되었다. 도시의 화려함을 보고 자신의 삶과 비교해보게 되었다. 충격을 받은 것이다. 때마침 고속도로가 생겨 서울까지 단숨에 가는 길도 열렸다. 모두가 서울에 모여들었다.

TV도 흑백에서 컬러로 바뀌자 사람들의 욕구 또한 한층 더 강해졌다. 지하철이 생기고 전화기도 다이얼식에서 버튼식으로 바뀌었다.

들고 다니는 휴대폰이 나오자 사람들은 더욱더 바빠졌다. 때맞추어 인터넷이 등장했다. 그전까지만 해도 방송이나 신문에서 내보내는 걸러진 정보가 고작이었다. 그런데 이제는 언제라도 새로운 정보를 알 수 있는 시대가 된 것이다. 여기에 휴대폰과 인터넷 그리고 PC가 결합되었다. 스마트폰의 등장이다. 가만히 앉아서도 전 세계를 내 손안에서 볼 수 있게 되었다. 이렇게 정보통신기기가 발달하고 도시에 사람이 모이면 사회는 더욱더 복잡해진다. 이 문제를 해결하려면 시스템이 필요하다.

복잡사회와 시스템의 이해를 돕기 위해 신도시 현장으로 가보자.

신도시를 건설하려면 맨 먼저 도로부터 건설해야 한다. 도시가 처음 만들어지고 아직 유입 인구가 많지 않을 때에는 차들이 잘 안 다닌다. 이때는 굳이 사거리에 신호등을 설치할 필요가 없다. 잠시 지나는 길 도로 한쪽에 차를 세워놓고 볼일을 봐도 경찰은 불법주차라고 단속하지 않는다.

시간이 지나 점차 상가나 공공시설이 들어서고 상권이 형성된다. 차츰 상주 인구가 많아지면 교통 시스템도 이에 맞게 구축해야 한다.

신호등을 추가로 설치하고 시내 중심가는 일방통행으로 지정해야 한다. 좁은 뒷골목에 왕복으로 교차하는 차들 때문에 골목길이 막힌다면 일방통행으로 지정한다. 그래도 통행이 막히면 아예 차량 진입을 막고 보행자 전용으로 지정한다. 주차단속을 더욱 강화하고, 스티커 발부뿐만 아니라 곳곳에 실시간 CCTV를 설치하고 경고방송을 해야 한다. 그래도 '배 째라' 식으로 막가파 불법주차를 하는 차들은 수시로 견인해야 한다.

몇 년이 더 지나 도시는 이제 밀려드는 차량 때문에 하루종일 마비 직전이다. 한계 교통량에 다다른 것이다. 이때부터는 차량의 도심 진입을 억제하든지 차량10부제를 시행해야 한다. 더욱 강력한 교통 시스템을 유지해야 한다.

불과 20~30년 만에 사회가 얼마나 복잡해졌는지 주변을 둘러보라. 이렇게 사회가 복잡해지면 교통 시스템을 계속 보완하고 구축하듯이 사회도 더욱더 정교하게 시스템을 마련해야 한다. 정치, 사회, 경제, 복지, 문화 등 모든 분야에서 말이다.

스위스가 살기 좋은 나라라고는 하지만 지붕 색깔 하나를 집주인 마음대로 칠하지 못한다. 주변의 경관과 어울려야 하기 때문이다. 유럽 국가들에 유달리 높은 아파트가 없는 것도 이 때문이다.

그런데도 우리는 있는 제도마저 없애버리기 일쑤다. 새로운 정부가 들어설 때마다 선거공약에 따라 이런저런 규칙을 없애버린다. 게다가 정당마저 바뀌게 되면 그동안의 한풀이라도 하듯이 이것저것 다 없애버린다. 대학 설립 규제도 없애버렸다. 규제철폐위원회를 설치하고 각 부처에는 거의 할당을 하다시피 했다. 무조건 양을 채우다 보니 정말 없애서는 안 될 제도들도 없애버렸다. 그러자 사회감시망이 사라져버렸다. 모든 일은 시스템이 아닌 사람에게 맡겨졌다.

우리는 아직도 사람의 능력으로 문제를 해결하려고 하지만, 시스템 전문가들은 시스템이야말로 문제를 해결하는 공식이고 원칙이라고 말한다. 미국이나 유럽 등 우리보다 먼저 복잡사회를 경험한 선진국에서는 교육, 복지, 경제 문제 등 문제가 생기면 시스템으로 해결한다. 미국무성이나 펜타곤 주변에는 각 분야별로 수백 개가 넘는 시스템 연구소들이 있다. 해결해야 할 문제가 생기면 국회의원이나 장관들이 해결책을 내놓는 게 아니라 시스템 전문가들이 답을 내놓는다.

우뇌형
민족이기
때문이다

●

우리나라 사람들은 유독 만들어놓은 규칙을 잘 지키지 않는다. 즉흥적이고 분위기를 잘 타며 열정적이고 흥분도 잘한다. 금방 죽일 것처럼 멱살을 잡고 싸우다가도 돌아서면 어깨동무를 하고 나온다. 한번 싸우면 평생을 두고 싸우는 서양과는 대조적이다. 그 이유가 뭘까? 우뇌형 민족이기 때문이다.

좌뇌형은 이성적이고 합리적이다. 누가 말하거나 간섭하지 않아도 스스로 알아서 행동한다. 반면 우뇌형은 감성적이고 즉흥적이다. 시스템이 우리에게 필요한 이유이다. 더치페이를 아무리 강조해도 식당 앞에서 서로 돈을 내려고 싸우는 민족은 우리나라 사람들밖에 없을 것이다. 낮에는 선비처럼 점잖은 분이 저녁에는 한량이 되어 폭탄주와 가무에 취하는 것도 우리 민족의 기질 때문이다.

그래서 우뇌형 민족은 SNS 시대에 가장 적응력이 빠르고 잘 맞는다. 스마트폰이 미국에서 최초로 나왔지만 정작 그 꽃을 피운 것은 우리나라가 된 것도 이 때문이다.

소비자가 상품을 살 때 이성적인 결정이 아니라 감성적인 결정에 따른다고 한다. 즉흥적으로 분위기에 휩쓸려 지갑을 연다는 것이다. 그래서 세계적인 마케팅 전문가들이 한국을 주목한다. 그들은 휴대폰을 비롯한 대부분의 IT 제품을 한국에서 먼저 선보인 뒤 성공 여부를 판단한다. 할리우드 영화 역시 한국에서 먼저 개봉하여 성공을 점친다고 한다. 그만큼 우뇌형인 한국인은 감성적인 민족이기도 하다.

《세로토닌하라》라는 책으로 잘 알려진 이시형 박사는 우리 민족이 타고난 우뇌형 민족이며 다행히도 우뇌형과 좌뇌형이 적절하게 균형을 이루고 있다고 말한다. 조선시대와 근대사회를 거치며 좌뇌형 교육을 받았기 때문이라는 것이다. 반대로 유럽이나 미국, 일본 등 선진국은 대부분 좌뇌형이라고 한다.

하버드 경영학도들이 마케팅을 연구할 때 종종 한국의 5일장을 연구한다고 한다. 세계에서 가장 효율적인 마켓 시스템이기 때문이다. 지금의 대형 할인점과 5일장을 비교해보라. 5일장은 소비자와 공급자만 존재한다. 중간에 누구도 개입하지 않는다. 백화점에 수수료를 내지 않아도 된다. 지역이나 계절에 맞는 상품을 가지고 온다. 상인들은 오랜 경험을 통하여 그 지역에 필요한 물건을 적당량 준비하여 완전 떨이를 하고 간다.

이 5일장이야말로 우뇌형 민족에게 적합한 소비 시스템이다. 소비

좌뇌형과 우뇌형

좌뇌형	우뇌형
의식	무의식
과정을 중요시	결과를 중요시
많은 정보에서 체계적 추리	하나의 정보에서 전체를 파악
이성, 지성	감성
논리적	직감적, 감각적
분석적	공간적, 도형적
합리성	비합리성. 신비성
규범, 억압	무규범, 자유로움
유교적	무속적, 무교적
언어적, 사고적 판단	시각적 이미지적 사고와 판단

(출처: 《세로토닌하라》, 이시형, 중앙북스, 2010)

자는 5일 동안을 기다리며 이것저것 살 것을 곰곰이 생각한다. 그러다 보면 꼭 필요한 물건만을 골라 사게 된다. 감성을 자극하여 즉흥적으로 돈을 쓰도록 하는 지금의 백화점과 비교해보라. 얼마나 훌륭한 마케팅 시스템인지 말이다.

감성적인 우리는 자로 잰 듯 똑 부러지고 획일적인 것에 거부감을 느낀다. 신발을 살 때도 넉넉한 크기로 사고, 시장에서 과일을 살 때도 서너 개 달라고 하면서 알아서 척척 주고받는다. 우뇌형 민족답게 단위도 다양하고 또 단위 속에 보이지 않은 사회적 약속과 대화가 있는 것이다. 이것이야말로 진정한 소통 시스템이다.

지금 우리가 쓰고 있는 단위는 우뇌형인 우리에게 딱 맞게 시스템화되어 있다. 아파트나 전답의 넓이를 나타내는 단위 '평'을 한번 보자. 가로 세로가 각각 1.8미터×1.8미터로서 한 사람이 기거할 수 있는 최소한의 공간이다. 그뿐인가. 농사일을 해본 사람이라면 한 마지기 200평이 성인 한 사람이 하루에 모를 심거나 수확할 수 있는 넓이라는 것을 알고 있다. 모든 단위가 다 그렇다. 한 돈, 한 접, 한 꾸러미, 한 섬, 한나절 등 수없이 많다. 지금 우리가 수천 년 동안 쓰고 있는 단위가 얼마나 과학적이고 실생활을 고려한 것인지 조금만 짚어보면 알 수가 있다.

그런데 얼마 전부터 평이라는 단위를 쓰지 못하게 되었다. 정책자들이 미터법으로 바꾸어버렸기 때문이다. 국민이 편리하도록 그랬다고 하는데 정작 국민들은 더 불편해하는 것 같다. 33평 대신 33형이라고 변칙 단위까지 사용하는 것을 보면 말이다. 최근 개편한 도로명 주소 역시 좌뇌형 사회인 미국에 적합하다. 우뇌형인 우리는 기존의 동네이름이 더 친숙하고 자연스럽다. 예를 들어, 제사를 지내는 제단이 있는 동네를 가리켜 사직동이라 했다. 이름만 들어도 그만큼 신성하고 역사가 깊은 동네라는 것을 알 수 있다. 이같이 동네이름 하나에도 의미가 있다는 것을 알고 나면 그 아쉬움은 더하다.

80년대에 해외여행이 막 자유화될 때 이야기다. 우리나라 기업들은 대부분 일본을 따라하고 본받았다. 여행업계도 예외는 아니었다. 해외 여행지에서 가이드는 여행사 깃발을 들고 다니면서 단체 여행객을 인솔했다. 그런데 깃발을 들면 잘 모이고 졸졸 따라다니는 일본사람들과 달리 한국사람들은 가이드가 깃발을 높이 들어도 잘 모이지 않았다. 오히려 깃발만 들면 모였던 사람들도 웅성웅성 흩어졌다. 그러자 여행사는 깃발을 아예 없애버렸다. 그러자 더 잘 따라다니더라는 것이다. 왜 그럴까? 한국인의 민족성과 가치관을 연구하는 사람들은 우리나라 사람들은 자존심과 주체의식이 강해서 그렇다고 한다. 반대로 일본은 대상의식이 강하다고 한다.

한국인은 하던 짓도 멍석을 깔아놓으면 잘 안 하는 사람들이다. 자기가 스스로 알아서 해야 잘하는 근성을 가지고 있다. 지금 세계를 한류 열풍으로 몰아넣고 있는 케이팝도 이러한 한국인의 우뇌형 기질에서 나온 것이다. 가수들은 어릴 때 엄격한 선발 절차를 거쳐 3~4년의 강도 높은 합숙훈련을 한다. 재능 있고 끼 있는 우뇌형 인재를 선발하여 전형적인 좌뇌형 스파르타식 교육을 시키는 것이다. 미국이나 유럽에서는 상상할 수 없는 교육 방식이다. 인권유린이다 뭐다 하여 당장 부모들부터 반대할 것이다. 그러나 우리는 부모들이 앞 다투어 좌뇌형 교육에 열을 올린다. 하루 17시간 꽉 짜인 틀에 박힌 좌뇌형 공부를 시키고도 부족해 또 사교육을 시키는 나라다. 이제 우뇌형 민족인 우리의 능력을 마음껏 펼칠 수 있는 시대가 되었다.

무의식
사회에서
살아가려면

●

휴대폰으로 통화를 한참 하다 보니 어느덧 차가 백화점 지하주차장에 도착했다. 아직 통화가 끝나지 않아 휴대폰을 한 손에 들고 빈자리를 찾아 주차를 했다. 통화를 마치고 나서 쇼핑을 한 뒤 지하주차장에 내려오니 차를 어디에 세웠는지 알 길이 없다. 지하주차장 두세 개 층을 오르락내리락 30분을 찾고 다니다 겨우 차를 찾았다. 주차를 하고 쇼핑하는 내내 차에 대한 생각은 아예 하지 않았던 것이다. 그뿐인가. 가끔은 휴대폰을 어디에 두었는지 통 생각이 나지 않을 때도 있다. 또 회사에서 정신없이 일할 때는 화장실에 간다는 것이 자신도 모르게 회의실 앞에 와 있을 때도 있다.

얼마 전 한 조사결과를 보니 가족의 전화번호를 기억하고 있는 사람이 50퍼센트도 안 된다고 한다. 생각해보니 나 역시 아이들 전화번호 하나 제대로 기억하지 못하고 있는 것 같다. 가족에 대한 관심이 없어서일까? 그건 아닌 것 같은데 왜 그럴까? 가끔 이런 일이 있다 보니 이게 건망증인가도 의심스럽지만, 안심해도 된다. 이는 건망증이 아니라 현대사회가 무의식 사회이기 때문에 그렇다.

만약 20년 전 지금의 휴대폰과 같은 것을 갖고 있었다면 보물 1호였을 것이다. 행여 잊어버릴까봐 케이스를 이중 삼중으로 만들어 신줏단지 모시듯 보관했을 것이 분명하다. 지금처럼 아무데나 처박아놓는 일은 절대 없었을 것이다. 30년 전에 차를 가지고 있었다면 아마 아무 곳에나 주차하지는 않았을 것이다. 누가 차량에 흠집이라도 낼까, 혹시 가져갈까, 온 신경이 차에 집중될 수밖에 없었을 것이다.

우리는 자신이 중요하게 생각하는 일에 관심을 갖는다. 주차와 휴대폰 통화를 동시에 할 경우 휴대폰 통화 내용에 더 집중하게 되어 있는 것이다. 통화에 몰입할수록 대화 내용은 기억하지만 주차 위치를 기억하지 못하는 것도 바로 이 때문이다. 건망증이 아니다.

더구나 정보통신기기의 발달 덕분에 현대사회에서는 언제 어디든 사무실이 될 수 있다. 혼자서 이것저것 많은 일을 해야 한다. 그러니 움직이는 동안에도 일을 보는 경우가 허다하다. 한 손으로는 휴대폰 통화를 하고 한 손으로는 메모를 하고 이런 와중에 커피를 마시기도 하고 차를 타고 이동하기도 한다.

가정주부라 한들 집에 있어도 비슷하다. 휴대폰 통화를 하면서 설거지도 하고 청소도 하며 빨래도 한다. 그러니 이 모든 일을 다 기억한다는 것은 불가능하다.

그렇다면 이러한 무의식 사회 속에서 잘 기억하고 잘 잊어버리지 않고 살아가는 좋은 방법은 없을까? 시스템의 관점으로 생각해보자. 가장 쉬운 방법으로는 수첩이나 스마트폰을 이용해 작은 것 하나라도 메모를 하는 것이다. 주차장 어디에 주차를 했는지 기록을 해둔다.

"뭐 이런 것까지 기록을 하나요?"

현대사회가 무의식 사회이고 복잡사회라는 것을 잊지 말자. 저절로 발길이 가도록 해보자. 저절로 그 자리에 보관할 수밖에 없도록 하는 것이다. 우측통행이라면 우측에 화살표를 표시하여 저절로 우측으로 가도록 한다. 서랍장마다 일일이 무엇이 들어 있는지 밖에 표시를 해두면 물건을 찾을 때마다 이 서랍 저 서랍을 다 열어보지 않아도 된다. 여기에 겨울용품은 빨강색으로 여름용품은 파랑색으로 표시하면 찾기가 한결 쉬울 것이다.

이러한 원리를 바탕으로 기업에서는 대대적으로 정리정돈 캠페인을 벌이기까지 한다. 계단에 화살표시를 하고 화분이나 전화기 등 물건 놓는 위치를 표시해 둔다. 공장에서는 사람이 다니는 길은 노란색 줄을 그어 표시한다. 우측에 화살표를 만들어 우측통행 표시도 한다. 이 같은 이치를 모르면 "우리가 유치원생도 아닌데 웬 우측통행 표시인가" 하고 의문을 가질 수 있다.

회사나 공공장소 화장실의 남자 소변기 앞에 발바닥 위치를 그려놓아 소변을 볼 때 정해진 위치에서 볼일을 보도록 유도하기도 한다. "남자가 흘려야 할 것은 눈물만이 아닙니다" "가까이 더 가까이" 이런 포스터보다는 바닥에 표시된 발바닥 그림이 훨씬 더 효과적이다.

포스터도 글만으로는 사람들의 눈에 쉽게 전달되지 않는다. 뇌의 구조 때문인데, 글씨가 눈을 통해 입력되면 좌뇌로 보내진다. 그곳에서는 다시 한 번 입력된 내용과 관련된 데이터를 찾아와 전두전야라는 뇌에서 변환을 해야 한다. 이를 이성적인 판단이라고 한다. 이때는 뇌가 한 가지 일만 처리한다. 그러나 기호나 이미지 등은 우뇌에서 처리한다. 이를 감성적인 판단이라고 한다. 이때는 뇌가 별도의 변환을 하지 않고 바로 시냅스라는 신경세포의 접합부로 명령이 내려진다. 피아노를 치면서 이런저런 대화를 할 수 있는 것도 바로 이 때문이다.

그래서 교통표지판 등을 보면 글씨 대신 기호나 이미지를 쓴다. 스마트폰의 각종 어플리케이션을 보면 쉽게 이해가 될 것이다.

공항을 관리하는 직원들을 대상으로 시스템 워크숍을 할 때였다. 공항 화장실 소변기 문제도 몇 개 팀에서 주제로 나왔다. 그중에 가장 높은 평가점수를 받았던 것을 소개하자면, 소변기에 화살 과녁을 그려 넣는 것이었다. 소변기 중앙에는 "정조준하라"라는 강한 명령어를 넣었다. 군대의 사격훈련과 연관 지어서 그 효과가 배가되도록 아이디어를 낸 것이다.

그다음으로 평가점수가 높은 아이디어는 소변기에 딱정벌레 스티커를 붙이는 것이었다. 이 역시 남자들의 공격 본능을 자극하여 딱정벌레를 소변 줄기로 공격하라는 무언의 메시지를 담고 있는 것이다. 이 장치는 맨 처음 네덜란드 암스테르담의 스키폴 공항에 설치되어 화제가 되기도 했다. 소변기에 파리 스티커를 부착하자 변기 밖으로 튀는 소변의 양이 80퍼센트나 줄었다고 한다. 국내에서도 인천공항을 비롯해 몇몇 기관의 화장실 소변기에 이런 스티커가 부착되어 있는 것을 볼 수 있다. 최근에 나온 벌레 스티커는 온도 감지 장치가 있어 소변이 일정 시간 벌레에 닿으면 벌레가 사라지게 된다. 마치 소변 줄기로 벌레를 죽이는 것 같아 더욱더 실감이 난다.

또 다른 팀에서는 소변기 주변에 센서를 붙여 소변이 밖으로 흐르면 경고음이 울리도록 하자는 의견도 냈다.

강원도 덕평에 있는 고속도로 휴게소에 가면 '강한 남자 찾기'라는 표지판이 눈에 띈다. 안으로 들어가면 남자 소변기 앞에 "오줌발 대결 남자의 자존심을 지켜라"라는 포스터가 보인다. 여기에서 소변을 보면 소변기 위 모니터 속에 있는 가상의 남자와 오줌발 대결을 시작한다. 이 대결을 하려고 가끔 이 휴게실에 들르는 짓궂은 여행객도 있다니 한번 가보길 바란다.

예측 가능한 미래

●

시스템은 예측이 가능하게 해준다. 누구나 다가올 일을 예측할 수 없으면 불안해한다. 최근 발표된 자료를 보면 사람들은 자기가 예측한 대로 되었을 때 행복을 느낀다고 한다. 그래서일까? 연말이나 신년이 되면 점집이나 철학관이 바빠진다. 특히 요즈음처럼 미래가 불확실할 때는 더욱 그렇다. 사람들은 누구나 예측 가능한 안정된 사회에서 살고 싶어 한다. 인간의 기본적인 욕구인 안정의 욕구 때문이기도 하다.

자연을 한번 보자. 지구의 자전과 공전, 태양계의 움직임, 사계절, 밀물과 썰물 등 모든 것이 일정한 주기가 있다. 우리가 불규칙하다고 생각한 자연계의 현상들마저도 과학적으로 분석해보니 일정한 법칙에 의해서 움직인다는 것을 알게 되었다. 바로 카오스 이론이다. 이 같이 다가오는 미래를 더 정확히 알아내기 위한 시스템을 가리켜 '예측 시스템Prediction System'이라고 한다.

과학이 발달하지 못한 옛날에 인간은 개기일식이나 월식을 신의 조화쯤으로 알았다. 그러다가 일정한 규칙이 있다는 사실을 알고부터 계절이나 자연의 현상들을 예측할 수 있게 되었다. 세상의 이치가 하나 둘 보이기 시작한 것이다. 그런데 유일하게 예측이 안 되는 동물이 바로 인간이다. 그래서 이러한 자연법칙을 인간의 운명에도 적용하고자 했던 것이 서양의 이데아 철학이고 동양의 역학이다.

수천 년 전 수메르인들은 60이라는 마법의 숫자를 찾아냈다. 60은 모든 숫자 중 약수가 가장 많은 숫자다. 2, 3, 4, 5, 6, 10, 12, 15, 20, 30 등 약수가 무려 열 개다. 그들은 60이라는 숫자를 기준으로 사람의 운명을 예측하고자 했다. 그리고 60초, 60분, 360일, 360도 등 시간을 시작으로 세상의 이치를 하나씩 발견해냈다. 명리학자들에 의하면 60을 기준으로 각 약수마다 숫자의 일정한 리듬이 있으며 이를 알면 운명을 알 수 있다고 한다. 여기서 60갑자도 나왔으며 12띠를 가지고 10의 숫자를 이용한 토정비결도 나온 것이다.

우리가 시스템을 만드는 것은 예측 가능한 사회를 만들기 위해서다. 갑자기 태풍이 휘몰아칠지 모른다면 얼마나 불안하겠는가. 우리는 내일이든 1년 후든 어느 정도 예측이 가능하기 때문에 불안함이 아닌 희망 속에서 살 수 있다. 이제 과학 발달은 자연현상들을 거의 예측하기에 이르렀다. 우주 저 멀리 수십억 광년 떨어진 곳의 행성 주기를 예측하는 첨단과학의 시대다. 밀물, 썰물은 물론 사계절을 예측할 수 있고, 자연의 대부분 현상 또한 예측할 수 있다. 여기에 지구상 모든 생명체의 움직임 또한 예측이 가능하다.

그러나 사회가 복잡해질수록 정치, 사회, 경제 모든 분야에서 예측이 불확실하게 되었다. 시스템은 모든 면에서 예측할 수 있도록 해준다. 교통 시스템이 형편없으면 항상 도로가 막힌다. 횡단보도의 교통 신호등 하나만 보더라도 인간이 얼마나 예측 가능한 사회를 살고 싶어 하는지를 알 수 있다. 횡단보도의 신호등이 무조건 깜박거리면 언제 바뀔지 전혀 예측할 수 없다. 그러다보니 천천히 건너는 사람, 뛰어가는 사람 각양각색이다. 그러다가 10여 년 전부터 예측 가능한 신호 잔량 표시장치가 등장했다. 이제 보행자는 점점 줄어드는 파란색 표시를 보고 신호시간을 예측한다. 어떤 신호등은 신호 잔량을 숫자로 표시하여 정확성을 더해준다.

통신사나 은행의 고객센터에 상담전화를 해보면 예전과 달리 상담원이 통화 중이라면서 기다려야 할 시간을 대략 말해준다. "현재 여덟 명이 대기 중이며, 고객님의 대기시간은 약 1분 20초입니다."

자, 그렇다면 우리 사회에서 가장 예측이 안 되는 분야가 어디일까 생각해보라. 아마도 부동산과 교육 분야일 것이다.

집값이 오를지 내릴지 전문가도 알 길이 없다. 대출을 해서 집을 사야 하는지, 아니면 집을 구입하는 것을 미루고 전세로 들어가야 할지 도무지 예측할 수 없으니 말이다. 교육 분야 역시 예측이 안 되기는 마찬가지다. 언제 바뀔지 모르는 입시제도에 사교육 시장만 늘어나고, 그로 인해 죽어나는 것은 학생과 학부모이다.

당신이 이웃집이나 친척에게 돈을 빌려주고 3년 후에 받을 수 있는 확률을 예측해보라. 그리고 은행에 돈을 예금하고 받을 수 있는 확률과 비교해보라. 이웃집에 돈을 빌려준 당신은 3년 내내 못 받을까봐 불안해할 것이다. 그러나 은행에 돈을 예금했다면 편안한 마음으로 하루하루 행복할 것이다.

이번에는 가장 좋아하는 친구 한 사람을 떠올려보라. 그리고 그 사람이 예측가능한 사람인지 아닌지 생각해보라. 언제 만나도 그 모습 그대로 변함없는 친구라면 당신은 좋은 친구를 둔 것이다. 시도 때도 없이 변하고 언제 어디로 튈지 모른다면 그 친구는 거리를 두어야 한다. 직장 상사나 동료, 부하 중 예측이 안 되는 직원이 있다면 조금은 멀리해야 한다. 예측이 가능한 사람은 비교적 인격을 갖춘 사람이라고 보면 틀림없다.

가족이나 부부 사이도 똑같은 관점에서 한번 점검해보라. 우리 아이 셋 중에 큰 아이는 항상 그 모습 그대로다. 아무리 힘들어도 좀처럼 내색을 하지 않고 웃는 모습을 잃지 않는다. 누가 자신을 괴롭히거나 어려운 일이 있어도 화를 내지 않는다. 반면 작은 딸은 잘 삐치고 아침저녁으로 기분이 달라 좀처럼 예측이 안 되는 아이다. 만약 내 아이가 예측이 안 되는 행동을 자주 한다면 자녀교육을 다시 시켜야 한다. 예측이 안 되는 행동을 밥 먹듯이 한다면 문제아나 자폐증 환자일 확률이 높다.

김치문화의
한계를
넘으려면

●

김치는 한국의 대표적인 음식이다. 햄버거는 미국을 대표하는 식품이다. 두 식품이 어떻게 다를까? 햄버거는 어디를 가나 맛이 비슷하지만 김치는 집집마다 지역마다 맛이 다르다. 햄버거는 일정한 시스템에 의해 만들고 김치는 사람이 만들기 때문이다. 결국 햄버거는 매뉴얼이라는 시스템에 의해 맛이 결정되지만 김치는 사람에 따라 그때그때 맛이 결정된다.

맥도날드나 롯데리아 같은 패스트푸드 체인점들은 가장 맛있는 햄버거를 만들기 위해 상추 잎의 크기까지 규격화한다. 조리시간은 초단위로 정해져 있다. 토마토를 비롯한 재료, 소스 등도 규격에 맞는 정해진 재료가 사용된다. 지금도 더 맛있는 햄버거를 만들기 위해 전문가들이 연구를 계속하고 있다. 그들은 누구든지 정해진 절차대로 따라 하면 가장 맛있는 햄버거를 만들 수 있도록 매뉴얼을 만든다.

그렇다면 김치를 한번 보자. 김치 만드는 매뉴얼은 없다. 만들 수가 없다. 햄버거의 매뉴얼에는 누구나 알기 쉽도록 몇 그램, 몇 센티미터, 몇 분으로 표시가 되어 있다. 반면에 김치는 한 큰술, 적당 시간, 한입 크기다. 배추 간하는 시간도 정확치가 않다. 그냥 한나절이다. 적당한 시간이다. "정성을 다해 3대를 이어온 솜씨"가 전부다.

우리는 음식맛이 사람에 의해 결정되는 것으로 알고 있다. 미국은 정반대이다. 사람보다는 매뉴얼을 중요시한다. 누구나 매뉴얼만 있으면 같은 음식맛을 낼 수 있도록 했다.

"사람에 의하지 말고 매뉴얼대로 하라."

어디서 많이 들어본 이야기 아닌가? 일류 음식점에서 지배인들이 즐겨 쓰는 말이다. 음식에 문외한인 사람도 매뉴얼대로 했더니 같은 맛이 나왔다. 이를 가리켜 재현성Reproducibility이라고 한다. 그대로 따라 했더니 똑같은 결과가 나왔다면 맛이 그대로 재현이 된 것이다.

나는 김치맛을 재현하기 위해 김치 담그는 매뉴얼을 만들기로 했다. 이를 위해 광주에서 열리는 김치축제에 참석하여 김치를 가장 잘 담그는 분을 소개받았다. 그분에게도 딱히 김치 담그는 매뉴얼은 없었다. 나는 앞뒤 사정을 이야기하고 김치 담그는 방법을 옆에서 배우기로 했다. 먼저 배추를 고르는 일부터 시작했다. 그분은 무게를 달아보지 않고 대충 적당한 크기의 배추를 골랐다. 가장 어려운 부분은 배추에 간을 하는 것이었다. 정해진 시간도 없다. 그냥 적당히 간이 배이면 또 적당히 물을 빼면 된다. 모든 것이 적당히였다. 나는 배추를 일일이 저울로 달아 그 무게를 기록했다. 배추농장 주인의 전화번호도 기록했다. 스톱워치를 가지고 소금을 간하는 시간을 측정하고, 그 양은 미리 무게를 달아놓았다. 양념을 만드는 내내 재료 하나 놓치지 않고 기록했다. 매뉴얼을 만드는 전문가답게 배추를 고르고 양념을 버무릴 때까지 무려 열한 시간을 꼼짝 않고 기록했다. 글로 기록이 안 되는 것은 사진을 찍었다. 젓갈 등 핵심 재료를 공급하는 사람들은 가게 전화번호를 별도로 기록했다.

사무실에 돌아온 나는 김치 담그는 매뉴얼을 만들었다. '적당히' '한 큰술' 등 매뉴얼의 금기사항 대신 정확하게 시간과 무게를 기록했다. 이틀간의 작업으로 매뉴얼은 완성되었다.

이제 매뉴얼대로 해보아야 한다. 나는 아내의 도움을 받아 매뉴얼대로 김치를 담그어보았다. 그리고 이웃집 몇몇 분들에게 시식까지 부

햄버거와 김치의 비교

햄버거	김치
시스템 중심	사람 중심
재현이 가능	흉내 내는 정도
누구나 만들 수 있다	특정인만 만들 수 있다
매뉴얼에서 나온다	맛은 손끝에서 나온다
맛있는 햄버거는 하나	지역에 따라 수백 가지 맛
갈수록 맛이 계속 발전	갈수록 맛이 정체 혹은 퇴보
세계무대 겨냥	동네에 한정

탁했다. 결과는 놀라웠다. 김치 명인이 담근 김치와 내가 담근 김치의 맛이 거의 비슷하게 나왔다. 김치맛이 손맛이 아닌 시스템으로 바뀐 것이다.

사람이 맛을 내면 그 누구도 그를 간섭하지 못한다. 그가 최고이기 때문이다. "어! 저게 아닌데" 하면서 아무 소리도 못한다. 기록도 못한다. 할 필요도 없다. 머릿속에 기억하고 하던 대로 따라하면 그뿐이다. 그가 실수를 하면 그것까지도 따라한다. 복사에 또 복사를 해보라. 갈수록 희미해진다. 조선시대의 김치맛 하나를 오늘날 우리가 재현해내지 못하는 이유가 거기에 있다. 만약 고려청자를 지금 재현할 수 있도록 만드는 방법을 상세히 기록해놓았더라면 얼마나 좋았겠는가.

나는 기업의 요청을 받아 작업자가 하는 일을 분석하고 그 일을 누구나 할 수 있도록 매뉴얼로 만들어주는 일을 한다. 그들에게 해마다 수백 개가 넘는 각종 매뉴얼을 만들어준다. 제품을 만드는 것부터 서비스 매뉴얼까지 종류도 다양하다. 나는 아무것도 아니라고 생각하는 작업일수록 더욱더 매뉴얼로 만들어야 한다고 강조한다.

기업에서 발생한 불량이나 안전사고를 보면 대개 사소한 작업에서 발생한다. 쉽게 생각해버리는 것이다. 그동안 많은 기업의 직무나 작업공정을 분석해보면 중요한 일일수록 난이도는 낮았다. 그래서 쉬운 일은 중요하지 않게 생각한다. 김치 담그는 법을 하루 이상 배우는 사람은 거의 없다. 김치 담그는 일쯤은 아무것도 아니라고 생각하기 때문이다.

밥을 하는 것은 더욱 그렇다. 식당 주인 중에 쌀 20킬로그램 한 가마에 밥이 몇 공기가 나오는지 정확히 아는 사람을 아직 보지 못했다. 아무리 전기밥솥이 자동으로 밥을 해준다지만 밥을 맛있게 잘하는 방법을 알고 있는 식당 주인도 많지 않다. 그러면서 너도나도 식당을 하고 있다. 한식 세계화를 외치면서도 가장 기본적인 밥 짓는 매뉴얼 하나 없다. 얼마나 안타까운 일인가.

'놀부보쌈'이라는 유명한 체인점이 있다. 이 외식업체의 음식 중에 다른 집에서는 넘볼 수 없는 가장 맛있는 것은 단연 김치다. 이 김치는 놀부보쌈의 창업자 김순진 사장이 오래전 시장에서 직접 만들던 김치 맛 그대로다. 전국의 수백 개 매장에서 동시에 나온다. 모든 음식을 사람이 아닌 매뉴얼로 만들어 시스템화했기 때문이다.

시스템을 만들면 얼마든지 복제가 가능하다. 프랜차이즈가 바로 그것이다. 사람에 의해 맛이 좌우되면 동네 유명 식당 정도로 만족해야 한다. 그러나 사람이 아닌 시스템을 만들면 전국을 넘어 세계시장을 넘볼 수 있다. 놀부보쌈이 한국을 넘어 일본과 중국에 진출할 수 있었던 이유이다.

맥도날드, 피자헛을 시작으로 시스템을 앞세워 한국에 프랜차이즈가 선을 보인 지 수십 년이 지났다. 이제 우리도 하나둘 여기에 눈을 뜨고 있다. 치킨의 본고장에 치킨 프랜차이즈 BBQ가 입성해서 KFC와 당당히 겨루고 있다. 커피숍의 성지 뉴욕에서는 지금 국내 커피 프랜차이즈 카페베네가 스타벅스와 자리다툼을 벌이고 있다. 모두가 시스템을 만들었기에 가능한 일이다.

그렇지만 우리는 아직도 김치문화에 사로잡혀 있다. 음식뿐만이 아니다. 정치, 사회, 경제, 교육, 복지, 외교, 안보 모두가 규칙도 매뉴얼도 없이 자기만의 방식이 옳다고 고집한다. 그러다보니 사람이 바뀌면 다 바꾸어야 한다. 하다못해 피아노를 가르치는 데도 바이엘 방식이든 체르니 방식이든 나름 검증된 방식이 있다. 그런데 김치문화에서는 검증할 길이 없다. 지적하는 사람도 없다. 그가 임기를 마치면 그만이다. 또 다른 사람이 나와 자기 방식을 고집한다. 검증도 안 된 별별 방법을 다 써본다. 이런 식으로는 발전은커녕 퇴보할 수밖에 없다.

좋은 시스템과
나쁜 시스템

사람이 혼자 살면 지켜야 할 규칙이 필요 없다. 그렇지만 여럿이 모여 살기 위해서는 서로 지켜야 할 약속이 필요하다. 지켜야 할 것이 생겼으니 당연히 불편하다. 그렇다면 집단을 떠나 혼자 살 수는 없을까? 꼭 마을을 만들고 공동체를 이루어 살아야 할까? 자신의 구도만을 위해 인적 없는 오지로 떠나 혼자서 살았던 선인들은 어떤 생각을 했을까?

아리스토텔레스는 인간이 모여 사는 것을 욕망 때문으로 보았다. 인간에게는 동물과 달리 욕망이 있다고 본 것이다. 나아가 인간의 욕망은 국가를 통해서만이 완전히 충족될 수 있다고 생각했다. 그는 고대 도시국가인 폴리스에서 이상적인 모델을 찾았다. 그리고 그곳의 정치 제도에 주목했다. 그것이 바로 폴리스의 시스템이다. 폴리스라는 도시가 시스템의 출발인 셈이다.

그래서일까? 아리스토텔레스는 인간을 '폴리스적 동물zoon politikon'

이라고 했다. 나중에 폴리스라는 말이 사회로 바뀌어 그 유명한 '사회적 동물'이라는 말이 되었다.

당시는 제정일치 사회였다. 절대적인 왕권 위에 종교가 있었다. 지금도 그렇지만 당시 모든 종교는 인간의 욕망을 금기시했다. 욕망을 죄악으로 본 것이다. 그런 시대에 아리스토텔레스는 인간의 욕망을 우선으로 생각했다. 1950년대 미국의 심리학자 매슬로 Abraham H. Maslow는 이를 가리켜 소속의 욕구라고 했다. 매슬로에 따르면, 누구나 기본적인 생존 욕구가 충족되면 그다음으로는 안정을 추구하는 욕구가 생기고 안정이 되고 나면 어느 조직에 소속이 되려고 하는 욕구가 생긴다.

그러나 아리스토텔레스가 주목한 폴리스의 시스템은 아테네에서 꽃을 피우지 못했다. 그의 이상은 거대국가 로마의 탄생으로 더욱더 빛을 잃고 만다. 그리고 훗날 마키아벨리의 《군주론》이 더 주목을 받았다. 백성을 위한 좋은 시스템이 아니라 군주를 위한 나쁜 시스템이 되어버린 것이다.

아리스토텔레스와 같은 시대에 살았던 공자 역시 그와 같은 생각이었다. 공자는 고대 폴리스와 같은 전국시대의 국가들이 서로 협력하며 잘 살았으면 했다. 결코 그의 꿈은 거대 중국의 통일이 아니었다. 그의 가르침을 보면 하나같이 사람과 사람과의 관계였다. 공자의 사상이 유교라는 하나의 교리로 자리 잡은 것도 이 때문이다. 공자는 백성을 위한 정치를 꿈꾸었다. 그가 학문을 하면서 정치 일선에 직접 뛰어든 것도 이 때문이었다. 그러나 춘추전국시대의 뺏고 빼앗기는 전쟁 속에서 백성의 행복은 국가의 존재 다음 문제였다. 서로 죽고 죽이는 싸움에서 공자의 이상은 짓밟힐 수밖에 없었다. 결국 백성보다 왕을 위한 한비자의 법치론이 더 주목을 받을 수밖에 없었다.

우리나라도 왕조시대를 거치면서 시스템이 철저하게 기득권층을 위한 방향으로 자리를 잡았다. 또한 정치적 혼란기마다 모든 법은 백성보다는 왕권을 위해 존재했다. 이후에도 사람을 보호하는 규칙Rule보다는 사람을 벌하는 형법Raw 위주로 발전해왔다. 특히 일제 강점기를 거치며 대부분의 법은 백성을 벌하는 형법이 전부였다. 광복 이후 오늘날까지 우리나라의 법은 사람을 위한 법이 아니라 기득권층과 정권을 위한 법이 대부분이다. 그야말로 갑을 위한 법이다. 이 속에서 좋은 시스템이 있을 리가 없다.

참여연대 등 시민참여가 시작되고부터 우리나라도 좋은 시스템이 만들어지고 있다. 정치, 사회, 경제 등 모든 분야에서 시민 모두를 위한 좋은 시스템이 하나둘 만들어지고 있는 것이다. 여기에 하루가 다르게 발전하는 IT 환경은 누구나 시공간을 초월하여 그 시스템을 만드는 데에 참여할 수 있도록 해주었다. 아리스토텔레스가 폴리스에서 꿈꾸던 시민참여 정치가 이제야 이루어지고 있는 것이다.

고대 폴리스라는 국가가 만들어지고 2,500년이 지났다. 오랜 시간이 흘렀어도 인간은 국가라는 공동체 속에서 살아가고 있다. 미국은 52개 연방국가를 유지하고 있다. 거대 국가를 꿈꾸고 전쟁을 했던 나라들은 모두 망했거나 당초 국가로 되돌아왔다. 한때 해가 지지 않는

나라를 외치며 세계 곳곳을 지배했던 영국이나 우리나라를 짓밟고 아시아 대륙을 손에 넣었던 일본 역시 원래 모습으로 돌아왔다. 아직도 세계가 한 국가로 통일되지 못하고 국가라는 공동체를 유지하는 것을 보면 아리스토텔레스나 공자의 위대함을 세삼 깨닫게 된다. 왜 세계는 하나로 통일되지 못하고 일정한 크기의 국가라는 공동체로 존재하는 것일까? 또한 국가라는 조직을 떠나서 혼자서는 살 수 없는 것일까?

금세기 최고의 과학자 스티븐 호킹Stephen Hawking 박사는《위대한 설계The Grand Design》라는 저서에서 이에 대한 답을 주었다. 그는 우주는 신이 창조한 것이 아니라고 선언했다. 신이 만든 게 아니라 위대한 자연의 법칙이 스스로 우주를 창조했다는 것이다. 자연은 일정한 법칙에 의해서 존재하며 인간도 예외가 아니라고 말한다. 인간의 탄생과 과학의 발전까지도 일정한 법칙에 따른다는 것이다.

러시아의 양자물리학자 바딤 젤란드Badim Zeland는 그의 저서《리얼리티 트랜서핑Reality Transurfing》에서 호킹 박사가 말한 자연의 법칙을 더욱 구체적으로 설명하고 있다. 그에 따르면 지구상의 모든 생명체는 하나의 집단에 모여 군집을 이루어 살아간다고 한다. 그리고 그들은 펜듈럼시계추처럼 생겨 좌우로 흔들리는 기구. 추가 무거우면 무거울수록 더 크고 더 빨리 흔들림이라고 하는 에너지를 형성한다는 것이다. 목적과 동일한 가치관을 가진 생명체가 모이면 에너지 펜듈럼이 생긴다. 그러면서 그들은 강한 펜듈럼을 형성하기 위해 또 다른 펜듈럼을 공격하여 에너지를 키운다. 여기에는 인간도 예외가 아니라고 한다.

그렇다면 생명체의 역사는 전쟁의 역사가 되어야 한다. 서로 펜듈럼 에너지를 크게 하기 위해서 말이다. 그러나 집단의 에너지의 크기가 일정 이상이 되면 저절로 파괴가 된다고 한다. 이는 자연계의 균형 법칙 때문이다. 마치 고무풍선에 일정 이상의 압력이 가해지면 터지는 것과도 같다. 그래서 바딤 젤란드는 그 에너지를 펜듈럼으로 표현을 한 것이다. 펜듈럼은 일정 이상의 힘이 가해지면 줄이 저절로 끊어져 버리기 때문이다.

그에 따르면 국가뿐만 아니라 종교집단, 동창회, 친목단체, 기업을 비롯하여 인터넷 카페 동호회에서까지 우리는 펜듈럼 에너지를 먹고 살아간다고 한다. 그러나 이 모든 펜듈럼 에너지는 국가라는 시스템 안에서만 생성과 소멸을 반복한다. 지구상의 어떤 종교도 국가의 벽을 넘지 못한 것도 이 펜듈럼과 균형 법칙 때문이다. 이는 자연계가 존재하기 위해서는 균형을 유지해야 하기 때문이다.

암은 다른 세포는 아랑곳하지 않고 자신만 살겠다고 하다가 결국 목숨까지 잃게 만든다. 조직이나 사회도 마찬가지다. 자신의 이익만을 위해 남을 희생시키면 결국 그 조직은 무너지게 된다. 전체를 생각하지 않고 자신들의 이익만을 주장할 때 그 사회, 그 국가는 암세포와 같이 멸망을 자초한다.

축구장 크기만도 못한 땅덩이의 로마가 한때는 세계 지도의 절반을 차지했었다. 이제 역사를 돌이켜보면서 누가 간섭하지 않아도 저절로 되는 시스템을 다시 한 번 생각해보자.

3장

답은
의외로
간단하다

더 나은 세상을 만들고 인간답게 살려면 많은 것을 배워야 한다고들 말한다. 하지만 많이 안다고 해서 사람이 변하고 이 세상이 바뀌지는 않는다는 사실을 우리는 알고 있다. 빤히 알고 있어도 행동으로 옮기지 못하는 경우가 얼마나 많은가.

"우측통행을 해라. 공정하게 행동해라. 내 것이 아니면 가져가지 말아라. 사용한 물건은 제자리에 가져다 놓아라. 자신이 어지럽힌 것은 자신이 치워라. 남을 때리지 말라. 음식을 먹기 전에 반드시 손을 씻어라……."

《내가 정말 알아야 할 모든 것은 유치원에서 배웠다*All I really need to know I learned in kindergarten*》라는 책에 나오는 내용이다. 이 정도를 모르는 사람은 없을 것이다. 그런데 지키는 사람은 많지 않다.

차를 타면 안전벨트를 매야 한다. 남을 위해서가 아니라 나 자신의 안전을 위해서다. 그런데도 잘 안 한다. 이유는 간단하다. 단지 불편하고 귀찮아서다. 나 자신을 위한 안전벨트도 안 하는데 다른 것은 어떻겠는가. 그렇다고 한 사람 한 사람 일일이 따라다니며 간섭을 하고 단속을 할 수 없는 일이다.

동물과 달리 인간은 태어나는 순간부터 간섭받기 시작한다. 나이가 들수록 이것저것 지켜야 할 것도 많아진다. 《성경》이 66권인 것도, 《사자소학》에서 《명심보감》, 《대학》과 《중용》까지 유교의 학문이 많아진 것도 이 때문이다.

"누가 일일이 간섭하지 않아도 스스로 행동할 수 있다면……."

이런 고민을 해결해주는 것이 바로 시스템이다.

시스템을 알고 나면 그동안 고민했던 문제들이 쉽게 풀린다. 시스템이 세상을 살아가는 법칙이고 문제를 해결하는 방식이기 때문이다.

이제 주변에서 쉽게 볼 수 있는 몇 가지 사례를 소개할 것이다. 그 분야의 전문가들이 모여 잘 만들었다고는 하지만 시스템을 알고 나니 그전에는 보이지 않던 문제가 하나둘 보인다. 그리고 나름 해결책도 떠오른다.

시스템을
알았다면

●

대구역에서 기차끼리 충돌하는 어처구니없는 사고가 발생했다. 자동차도 아닌데 기차가 먼저 출발하려고 중간에 끼어들기를 했다고 한다. 그런데 이번에도 언론이며 관련자들 모두 하나같이 사고 원인을 사람에게서 찾고 있다.

기관사는 빨강신호를 보지 못하고 기차를 출발시켰다. 역에서 기차를 통제해야 할 기관 전무는 습관적으로 깃발을 들어 출발신호를 보냈다. 사무실에서 모니터를 보고 판단해야 할 사령실 담당자는 바쁜 나머지 모니터를 보지 못했다고 한다. 기관사, 기관 전무, 사령실 담당자 세 사람 모두 동시에 실수를 한 것이다.

문제가 사람에게 있다면 그들을 교육하고 처벌하면 된다. 그럼 그런 유형의 사고는 다시 일어나지 않을 것이다. 그런데 이번과 똑같은 사고가 3년 전에도 그 자리에서 일어났다고 한다. 당시에도 사고 후 직원들을 교육하고 책임을 물었을 것이다. 그럼 사고는 나지 않았어야 한다. 그런데 같은 사고가 난 것이다.

사람에게서 문제를 보았기 때문에 사고가 다시 일어난 것이다. 사람이 문제가 아니라 주변 환경에서 문제를 찾았더라면 결과는 달랐을 것이다. 신호등 하나에 의지하여 출발하거나 정지한다면 얼마나 위험천만한 일인가. 기관사가 갑자기 색맹이 될 수도 있고 신호기가 오작동을 일으킬 수도 있다.

신호등보다 차단기가 훨씬 더 안전한 시스템이다. 대구역에 신호기 대신 차단기가 설치되었다면 아마 기차가 잘못 출발하는 일은 없었을 것이다.

더 안전한 시스템을 생각해보자. 모든 기차에 접근경고 장치를 설치하는 것이다. 기차가 서로 가까이 접근하면 소리가 점점 더 크게 들린다. 아니면 다가오는 거리에 따라 각기 다른 경고음을 들리게 할 수도 있다. 기차가 위험거리 500미터 이내에 접근하면 강력한 경고음이 울리도록 하고 저절로 속도가 줄어들게 만든다.

한 단계 높은 시스템을 생각할 수도 있다. 먼저 통과해야 하는 기차가 안전거리까지 통과하기 전에는 아예 정차해 있는 기차가 움직일 수 없도록 장치를 하는 것이다. 앞장에서 설치한 일종의 풀 프루프 시스템을 적용하는 것이다.

좋은 시스템을 만들려면 사람이 아닌 다른 곳에서 그 원인을 찾아야 한다. 사람은 언제라도 문제를 일으킬 수 있기 때문이다. 오래전에 만든 신고포상제도 역시 좋은 시스템이 아니다.

손 하나 까딱 안 하고 남의 힘을 빌려 두 마리 토끼를 한꺼번에 잡으려고 한 것이다. 신고포상제는 별도의 예산을 들이지 않고 위법을 적발하거나 방지할 수 있는 가장 쉬운 방법이다. 여기에다가 벌금까지 챙기니 언뜻 보기에 일거양득인 셈이다. 그러다보니 정부 부처마다, 지자체마다 앞 다투어 신고포상제를 도입하고 있다. 불법선거 포상금부터 불법다단계 신고, 현금영수증 신고, 불법학원 신고, 원산지표시 신고, 이미테이션 신고 등 듣도 보도 못한 분야까지 자그마치 970여 가지가 넘는다.

신고포상제는 맨 처음 교통법규위반 신고에서 출발했다. 위반하는 장면을 사진을 찍어 신고하면 건당 3,000원을 지급했다. 그러자 신고만을 직업으로 하는 사람들이 하나둘 생겨났다. 이른바 '카파라치'라고 불리는 사람들이다. 그들은 증거를 몰래 잡기 위해 망원렌즈가 달린 카메라를 구입했다. 영업용 택시기사들이 차를 주차하고 대기하는 곳 등 목이 좋은 곳에서는 하루에 수백 건을 신고할 수 있었다. 이들에게 촬영장비를 소개하고 단속 노하우를 전수하는 전문학원이 생겼다.

신고포상제의 효과는 대단했다. 주정차 위반은 70퍼센트 이상 감소했다. 운전자들은 경찰보다 신고꾼이 더 무서웠다. 경찰의 역할을 이들이 대신하다 보니 경찰의 설 자리가 점점 더 좁아졌다. 여기에다 신고를 당한 사람들의 불만도 끊이지 않았다.

경찰 내부에서조차 불만이 터져나왔다. 차라리 경찰의 단속 권한을 카파라치들에게 외주를 주는 것이 좋겠다는 이야기까지 나왔다. 결국 경찰은 여론에 못 이겨 신고포상제 자체를 아예 없애버렸다. 이유는 간단했다. 전문 신고꾼들이 시민들에게 불편을 주는 등 부작용이 컸기 때문이다. 그러나 그 정도 이유 때문에 신고포상제를 없앴다면 다시 생각해봐야 한다. 신고포상제를 만들면 당연히 전문 신고꾼이 판을 치게 되어 있다. 모든 제도를 만들 때는 반드시 최악의 상황을 고려하여 제도를 만들어야 한다. 1인당 하루 3건 이상, 월 50건 이상 신고를 하지 못하도록 신고 건수 상한제를 두면 된다. 그렇게 하면 그 돈 벌려고 비싼 장비 사서 전문 카파라치가 되지는 않을 것이다. 이들을 위한 전문학원도 생기지 않을 것이다.

그러나 신고포상제의 근본 문제는 다른 곳에 있다. 지금처럼 누구든지 신고를 하도록 한다면 국민들 사이에서 갈등만 더욱 깊어지기 때문이다. 무엇보다도 아무런 자격도 없는 사람이 나를 단속했다고 생각하기 때문이다.

언젠가 나는 급한 일을 보느라 도로변에 잠시 차를 세워두었다. 일을 마치고 차가 있는 곳으로 와보니 누가 사진을 찍고 있었다.

"당신이 누군데 남의 차 사진을 찍고 그래요?"

당장 멱살이라도 잡을 듯한 나의 기세에 그 남자는 이내 몸을 낮추었다. 자기를 시청 직원이라고 하면서 정중히 인사했다. 시청 직원이 일은 안 하고 왜 주차 단속을 하러 다니느냐고 따져 물었다. 그러자 자기도 단속 권한이 있다며 단속스티커를 발부하려고 차량번호를 적는다. 나는 도저히 수긍할 수가 없었다. 시청 직원의 손목을 붙잡고 도로 옆으로 데리고 나왔다. 이런저런 실랑이는 한참을 계속되었다. 결국 주차위반 스티커를 발부받았다. 그러나 오후 내내 기분이 좋지 않았다.

만약 단속을 했던 사람이 경찰이라면 어땠을까? 아마 내 기분은 달랐을 것이다. CCTV에 찍혔다면 누구에게 원망도 못하고 아무런 불만도 없이 그냥 벌금을 냈을 것이다.

우리는 사람이 하는 일이라면 잘 수긍하지 않는 경향이 있다. 실제로 교통이 혼잡한 사거리에서 사람이 수신호를 하면 상당수 운전자가 무시하고 그냥 지나간다. 그러나 수신호 대신 사람이 신호기를 조작하면 운전자들은 그 신호를 따르게 된다. 또한 그 분야의 전문가라면 그의 조언이나 판단에 금방 수긍을 한다. 그렇기 때문에 경찰이라는 신분만으로도 우리는 그들의 단속에 큰 불만이 없이 수긍을 한다. 오히려 위반을 한 것에 대한 불안감에 단속하는 경찰 앞에서는 한껏 몸을 웅크리게 된다.

그런데 아무나 단속을 하면 상황은 달라진다. 좀처럼 인정을 하지 않는다. 단속이나 벌금은 당근이 아닌 채찍이다. 따라서 불만은 증폭된다. 정부와 주무부처에 대한 불신도 마찬가지다. 예산이 없어 단속 인력이 부족하다면 최소한 차선의 방법이라도 찾아야 한다. 일정한 교육을 받고 기본적인 요건을 갖춘 사람들에게 신고할 수 있는 자격을 부여하는 것이다. 일종의 방송국이나 백화점의 모니터 요원과 같이 생각하면 된다. 또 한 가지 방법은 불법 신고전문가를 하나의 직업군으로 양성화하는 방법으로 자격 제도를 만드는 것이다. 예를 들어, 자격증의 이름을 '사회정의 지도사' 정도로 하여 일정한 검정을 거쳐 자격증을 주면 된다. 직업으로서 자부심과 전문성을 갖게 한다면 국민들도 이들의 단속을 받아들일 것이다. 따라서 국민 간의 갈등도 사라질 것이다.

유니폼과
호칭의
힘

●

시스템이라는 말을 가장 많이 쓰는 데가 암웨이 같은 네트워크 마케팅 회사들이다. 그들은 항상 개인의 생각이 아니라 그들이 만들어놓은 시스템을 따를 것을 요구한다. 그들만의 방식대로 하다 보면 누구나 성공한다는 것이다.

그런데 이 회사들의 공통적인 특징 가운데 하나는 직급이 다양하다는 것이다. 골드나 다이아몬드 같은 여러 등급으로 나뉘어 있고, 등급에 따라서 지위가 결정된다. 사람들은 더 높은 등급에 올라가기 위해 최선을 다한다. 더욱 공격적인 회사들은 직급에 따라 구별되는 유니폼을 입고 다니게 한다. 최고 직급은 빨강색이나 노란색 등 눈에 잘 띄는 색상의 옷을 입는다.

남자라면 예비군 훈련의 추억을 빼놓을 수 없을 것이다. 대학교수건 선생님이건 예비군복만 입으면 약속이라도 한 듯 하나같이 동작이

느려진다. 자세가 흐트러지면서 예비군 특유의 근성이 발동한다. 말투까지 달라진다. 훈련이 끝나고 다시 평상복을 입으면 언제 그랬냐는 듯이 예전의 모습으로 돌아간다.

만약 의사가 예비군 훈련을 마치고 하얀 가운이 아닌 예비군복을 입은 채로 주사기를 든다면 환자들은 화들짝 놀라 의사를 피할 것이다. 이렇듯 옷 하나만 바꾸어도 사람의 행동은 그 영향을 받는다. 특히 유니폼은 조직을 통솔하는 데 보이지 않은 힘을 발휘한다.

군이 옷 전체가 아니더라도 모자 하나, 조끼 하나만 통일해도 조직은 동질성을 갖게 된다. 유니폼은 개성을 중시하는 인간의 본성과 군집 본능의 심리를 자극하며, 이는 비즈니스에 활용되기도 한다.

인간에게는 자신을 다른 사람과 다르게 표현하고 싶으면서도 다른 한편으로는 동질감을 찾고자 하는 속성이 있다. 그래서 유니폼 같은 복장의 통일로 대리만족을 시키는 것이다. 은행 직원이나 프랜차이즈 외식업체 직원, 항공사 스튜어디스의 유니폼 등은 강한 대리만족과 신뢰감을 준다.

복장의 통일은 강력한 통솔을 필요로 하는 군대에서뿐 아니라 어느 정도 자율권이 보장된 학교에서도 학생들의 통제를 위해 필요하다. 그런데 군사정권이 들어서자마자 교복 자율화를 단행했다. 반대하는 사람은 거의 없었다. 무소불위의 군사정권이기도 했지만 교복 자율화에 대한 기대감이 컸기 때문이다.

전국의 중·고등학생들이 일시에 교복을 벗고 사복을 입고 등교했다. 선생님도 학생도 학부모도 모두가 기대했다. 그런데 도대체 무슨 기대를 했을까? 학생들은 획일화된 복장에서 벗어나 자기 개성을 뽐내고 싶었을 것이다. 학부모는 학부모대로, 학교는 학교대로, 의류업계는 업계대로 막연한 기대감 속에서 교복 자율화는 전국적으로 시행되었다. 모두가 동상이몽 속에서 뭔가 기대를 했다. 무엇을 기대했느냐고 물어보면 하나같은 대답이었다.

"이제 일제의 잔재인 교복은 없애야죠. 뭐든지 자율적으로 하는 것이 좋은 것 아닌가요."

그저 획일적인 교복이라는 속박에서 벗어나면 좋을 것 같았다. 그렇게 기대에 부풀어 시작한 교복 자율화는 몇 년이 지났는데도 웬일인지 기대에 못 미치는 것 같았다. 오히려 부작용이 하나둘 생기기 시작했다. 교복을 입었을 때보다 청소년 사고가 더 늘어났다.

그도 그럴 것이 교복을 입으면 2킬로미터 멀리서도 학생인 줄 누구나 안다. 그런데 일반 복장을 입었으니 청소년인지 성인인지 구별이 안 된다. 언젠가 한복을 입고 나이트클럽을 찾은 신혼부부를 유심히 본 적이 있다. 신부는 자리에서 한 번도 일어나지 않고 맥주 한 잔을 입에 대는 시늉만 할 뿐 매사에 품위를 유지했다. 이렇듯 복장 하나가 사람의 행동까지 바꾸는 것이다.

교복이 아닌 일반 옷을 입으면 청소년은 자연히 통제에서 벗어나고 싶은 욕망을 느낀다. 교실에서도 마찬가지다. 교복을 입으면 공부를 하는 데 집중과 몰입을 더해준다. 각양각색의 일반 옷은 가뜩이나 답답

한 교실의 분위기를 더 산만하게 한다.

뿐만 아니라 자라나는 청소년들에게 남과의 비교는 상대적 박탈감을 주게 된다. 모두가 가난하면 불만이 없다. 남과 비교할 때 상대적 소외감을 느끼는 것이다. 여기에다가 한창 감수성이 예민한 청소년들은 옷에 신경을 써야 한다. 학부모들은 오히려 경제적 부담이 늘었다. 학교에서는 통제가 안 되고 시장처럼 어수선했다.

이렇게 부작용만 낳은 교복 자율화는 몇 년이 못 되어 폐지되고 전국적으로 다시 교복을 입게 되었다.

복장과는 반대로 획일적으로 통일하고 나서 부작용이 생긴 경우도 있다. 바로 이름과 호칭이다. 작명가들은 이름과 호칭을 가리켜 옷과 같아야 한다고 말한다. 아이가 귀엽다고 이름도 그렇게 지으면 초년에만 운이 그친다는 것이다. 옷으로 말하면 평생 입을 옷을 사주어야 하는데 어릴 때만 어울리고 어른이 되면 잘 어울리지 않기 때문이다. 이러한 문제를 해결하기 위해 남자들은 성인이 되면 자나 호를 지었다. 어른이 되었으니 옷을 한 벌 새로 해주는 것이다.

〈성산별곡〉을 지은 정철의 자는 계함季涵이고 호는 송강松江이다. 어지간한 선비들은 자나 호가 있었다. 여자는 결혼을 하면 이름 대신 자신이 태어난 동네의 이름을 쓰도록 했다. 이를 '댁호'라 했다. 우리 어머니의 고향이 연천이었는데 주변에서 어머니를 항상 연천댁으로 불렀다. 예전에는 어른이 되면 이름보다 호나 댁호를 불러주는 것이 예의였다.

그러나 요즘에는 성인이 된다고 해서 따로 이름을 지어주지 않는다. 그래서 이름을 대신하여 그 사람에 맞는 호칭을 불러주는 것은 옛날로 말하면 자나 호를 불러주는 것처럼 중요한 의미를 갖는다.

그런데 이 호칭을 없애버린 것이다. 몇 년 전 외국계 컨설팅사의 조직 컨설팅을 받은 대기업들을 시작으로 직책을 없애는 자율화가 실시되었다. 미국식으로 직책을 빼고 이름만 부르는 것으로, 김 부장님에서 어느 날 김동호 씨로 바뀐 것이다. 호칭이 사라지자 뭔가 허전했다. 그도 그럴 것이 항상 입고 다니던 겉옷을 억지로 벗겨버렸으니 당연한 일이다. 신입사원도 여직원도 모두가 호칭 대신 이름을 불렀다. 시간이 지나면 호칭 문제가 미국처럼 정착이 될 줄 알았다.

그런데 웬걸, 회사에서는 어쩔 수 없이 '김동호 씨' 했지만 퇴근 후 술 한 잔 하면서는 부장님으로 불렀다.

"부장님! 죄송합니다. 부장님! 사랑합니다."

그동안 못 불렀던 부장님 소리를 수십 번도 더 불러댔다.

"이 사람 됐네, 됐어. 자네 마음 알아."

퇴근 후 술자리에서나 부르던 호칭이 회식자리에서 휴게실에서 그리고 다시 사무실로 돌아오는 데 3년도 걸리지 않았다. 외국계 컨설팅사들이 한국 문화를 알 리 만무했다. 친구 아버지도, 선배도 그냥 '유You' 하나로 통하는 사회가 바로 미국이다. 반면에 우리는 친구 아버지 호칭 하나만도 15가지가 넘는다. 자네 부친, 어르신, 아버님, 자당, 춘부장에서부터 '꼰대'까지 호칭을 달리 부른다.

한국 사람은 직책이나 호칭에 매우 민감하다. 조직의 효율을 위해서 호칭을 단순화하는 것은 바람직하다. 그러나 호칭의 문제는 옷이나 군대의 계급만큼이나 조직을 통제하는 데 중요한 역할을 한다. 호칭이 자연스러워야 인간관계도 자연스럽다. 특히 한국인에게 호칭은 존재감 그 이상의 의미를 가지고 있기 때문이다.

사원 모집
방법만
바꿔도

●

"학력 및 연령, 성별 제한 없음." 우리나라 대부분의 대기업과 공기업의 사원 모집 광고의 문구다. 만약 당신이 농산물 유통회사 사장인데 직원을 뽑는다면 어떤 사람을 뽑겠는가? 인재를 채용하기 위해서는 무엇보다도 그 직원이 입사해서 하는 일이 무엇인가가 중요할 것이다. 우선 농산물 유통회사에서 직원들이 하는 일을 보면 대부분 농수산 관련 일이다. 그렇다면 어떤 사람을 채용해야 하는지 누가 보아도 알 수 있다. 부모가 농업이나 수산업에 종사한다면 아무래도 일을 잘할 것 같다. 여기에 농수산 관련 학과를 졸업하고 나이는 25세에서 30세 전후 남자, 그다음은 시골에서 중·고등학교를 나오면 농수산물을 이해하기 좋으니 그 정도를 조건으로 모집 공고를 내면 될 것이다. 그런데 이렇게 모집 공고를 냈다가는 차별금지법으로 쇠고랑을 차야 한다. 간단한 조건을 내걸었지만 벌써 학력 차별, 성별 차별, 연령 차별, 도농 차별인 것이다.

우리나라 국민 다수를 대상으로 아무런 조건 없이 사원 모집 공고를 내면 도대체 몇 명이나 응시를 할까? 이름 있는 기업이다 싶으면 보통 200 대 1이 넘는다. 50명 모집을 하면 1만 명이 응시한다는 것이다. 서류심사를 하고 1만 명이 들어갈 장소를 구하느라 진땀을 빼야 한다. 장소를 임대하고 문제를 출제하고 감독을 위촉하는 비용만 얼마나 들겠는가.

서울시 공무원 시험 때는 900명 모집에 17만 명이 응시했다. 전국 각 지방에서 올라오는 수험생 때문에 임시열차를 운행해야 할 정도였다. 왜 이런 현상이 반복되는 것일까?

그 이유는 차별 철폐라는 명분하에 누구나 조건 없이 시험에 응시하도록 엉뚱한 차별금지법을 만들었기 때문이다. 언뜻 보기에는 차별을 없애 누구나 응시를 할 수 있기 때문에 좋은 것 같지만 이에 따른 부작용은 상상을 초월한다. 이 문제 하나만 가지고도 오늘날 대학교육의 부실과 입시 문제에 청년실업 문제까지 직간접적으로 연결된다.

그런데도 경찰청에서는 경찰을 선발하는 데 시험 과목을 수능 과목으로 한다고 발표했다. 수능 과목과 경찰의 직무하고 얼마나 연관이 있을까? 이런 결정을 하기까지 이유는 간단하다. 선발하는 데 가장 쉬운 방법이기 때문이다. 이럴 바에는 차라리 로또나 아파트처럼 추첨으로 선발을 하는 게 더 나을 것이다.

일본의 한 민간기업은 30년 전부터 지금까지 시험을 보지 않고 추첨으로만 신입사원을 뽑는다. 제비뽑기처럼 추첨으로 입사를 한 직원들은 누구보다도 일을 잘한다고 한다. 이 회사가 수십 년째 이 방식을 고집하는 이유도 이 때문이라고 한다. 우리는 평소 추첨에 익숙해져 있는 민족이다. 보금자리 아파트는 지금도 수백 대 1이 아닌가. 거기서 탈락했다고 하여 건교부 앞에서 시위하는 사람은 없다.

사람을 평가하는 데 가장 나쁜 방법이 짧은 시간에 획일적인 방식으로 평가하는 것이다. 가장 좋은 평가 방법은 그 사람을 오랜 기간 지켜보는 것이다. 그 사람이 학교에서 무엇을 전공했는지, 학교생활은 어땠는지 등 그동안 배워온 과정을 보는 것이다. 그래서 사람을 뽑을 때는 대학에서의 전공, 자격증, 나이와 성별, 봉사활동, 사회경험 등 다양한 조건을 제시하여 선발해야 한다. 응시자격을 많이 제시할 경우 지금의 수백 대 1과는 달리 응시 인원 자체가 미달일 수도 있다. 그렇지만 그 모집 공고를 본 사람은 몇 년 후를 내다보고 필요한 자격과 조건을 위해 하나둘 준비할 것이다.

언젠가 지하철 관련 공기업의 입사 담당자와 자리를 함께할 기회가 있었다. 그는 국내 지하철 관련 종사 인력이 5만 명이 넘는다고 했다. 그런데 지하철 관련 학과가 하나도 없다면서 국내 대학교육의 현실을 지적했다.

도자기 공예로 먹고사는 사람이 국내에 몇 명이나 되겠는가. 그런데 도자기 공예학과는 23군데나 된다. 필요 이상으로 학과는 많이 있는데 정작 필요한 학과는 없는 것이다. 이러다보니 기업들은 인재가 없다고 아우성이다.

대학을 졸업해도 회사에 입사하면 다시 교육해야 한다고 하소연한다. 지금과 같이 아무나 조건 없이 선발하면 이러한 악순환은 계속될 것이다. 만약 지하철 회사 직원 채용 시 지하철학과 전공자를 우선 선발한다면 대학에서는 앞 다투어 지하철학과를 만들 것이다. 그런데 아직도 많은 회사들이 그냥 막연하게 학력, 전공, 연령, 성별 제한을 두지 않고 입사공고를 한다. 차별 철폐라는 명분하에 아무런 제한을 하지 못하게 했기 때문이다. 세상 어느 나라에도 없는 법을 만들어놓았다. 지금처럼 누구나 응시할 수 있도록 한다면 기업 스스로 가치를 격하시키고 말 것이다.

"우리 회사가 하는 일은 아무나 할 수 있는 일입니다. 대학의 전공도 상관없고 나이도 상관없고 남녀 성별도 상관없으니 아무나 오셔서 일하세요. 밖에서 무엇을 배웠든 상관없습니다. 우리 회사에 입사해서 며칠만 배우면 됩니다. 아무나 오세요."라고 광고하는 것이다.

이제부터라도 지자체 공공기관이 먼저 과감히 모집방법을 달리해야 한다. 그래야 대학입시 문제, 청년실업 문제도 해결할 수 있다.

사원 모집 시스템 하나만 바꾸어도 지금 우리가 당면한 입시 문제, 사교육 문제까지도 해결할 수 있다.

대학의
이름을
통일하자

●

얼마 전 한국 고등학생들의 입시전쟁에 관한 기사가 CNN에서 보도되었다. 외국인의 눈에는 가장 재미있게 보내야 할 청소년 시절에 하루 종일 학교에 틀어박혀 대학입시에 인생을 거는 한국의 고등학생들이 이해가 안 되었을 것이다.

사실 우리나라는 초등학교 때부터 대학입시가 시작된다. 사교육 문제도 따지고 보면 좋은 대학에 들어가기 위해서다. 초등학생이건 중·고등학생이건 이들의 꿈도 목표도 일단 대학이다. 대학에 들어가고 나서야 비로소 자신의 꿈이나 목표를 생각해본다.

우리나라 대학은 1등부터 350등까지 서열이 정확히 정해져 있다. 학생들도 자연스럽게 자신의 적성보다는 성적에 따라 대학을 정한다. 80년대에는 우리나라 대학 진학률이 선진국과 비슷한 30퍼센트대였다. 지금 기성세대의 주류를 이루고 있는 386세대가 그들이다. 그들은 졸업도 하기 전에 두세 군데 취직을 예약했다. 토익 같은 것은 볼 필요도 없었다. 대학 도서관에 안 가도 취직은 잘 되었다.

그러던 것이 문민정부에 들어서면서 대학 진학률이 89퍼센트까지 올라갔다. 왜 우리나라만 유독 대학 진학률이 높은 것일까? 그 원인은 무엇보다 부모의 간절함 때문이다. 나는 배우지 못했지만 자식만큼은 원 없이 공부시키겠다는 부모의 마음 때문이다. 이때를 틈타 교육철학도 없는 이들이 돈벌이 수단으로 너도나도 대학을 만들었다. 때마침 대학 설립 규제도 풀려 이들을 도왔다.

지나치게 대학 진학률이 높으면 가정이나 국가적으로 엄청난 낭비를 초래한다. OECD 평균으로 볼 때 사회구조상 대학을 졸업해야만 일을 할 수 있는 직업은 약 23퍼센트 내외이다. 우리나라도 마찬가지다. 은행 창구에서 수납을 담당하는 직원이나 동사무소에서 민원 정도 처리하는 일이라면 고등학교 학력이면 할 수 있다.

그런데 그런 자리를 대졸자들이 점령했다. 현재대로라면 대학 졸업자의 23퍼센트만이 대졸 수준에 맞는 일자리를 얻고 나머지는 고졸 자리에 가야 한다. 다른 나라의 대학 진학률을 한번 보자. 미국은 35퍼센트, 일본 47퍼센트, 캐나다 45퍼센트, 독일 35퍼센트, 프랑스 41퍼센트 등 유럽 국가 대부분 40퍼센트 수준이다. 유럽은 대부분 대학이 학비가 무료인데도 40퍼센트가 채 안 된다.

우리나라 대학의 문제는 주택 문제 다음으로 심각하다는 것쯤은 다 알고 있다. 그러다보니 정권이 바뀔 때마다 대학입시 문제가 단골 메뉴로 등장한다. 그 결과 지난 40년간 대학입시제도만 36번이나 바뀌었다. 그런데 최근에 또 입시제도를 바꾸었다. 수능을 두 가지로 선택해서 볼 수 있도록 한 것이다. 학생들은 쉬운 문제와 어려운 문제 중 골라서 응시할 수가 있다. 이 얼마나 놀라운 제도인가. 달리기로 말하면 똑같은 거리를 달리면서 평지와 산악 코스 둘 중 내 마음대로 골라 경기를 할 수가 있다는 것이다.

수능 문제를 쉽게 내면 적당히 공부한 학생들은 환호성을 지를 것이다. 그냥 시간이나 때우는 학교나 선생님들이 제일 반길 것이다. 반면에 열심히 공부하는 학생이나 학교는 공부할 맛이 사라진다. 여기저기서 염려의 목소리가 나오기 시작했다. 결국 정책자들은 이 제도를 시행도 하기 전에 원점으로 돌리겠노라고 포기 선언을 하고 말았다. 이미 발표는 했으니 그동안 준비한 학생을 위해 한 번은 어쩔 수 없이 시행할 수밖에 없다고 했다. 학생들만 고스란히 피해를 보게 된 것이다.

문제는 정치가들이나 학부모들이 착각하고 있기 때문에 발생한다. 대학입시가 바뀌면 내 아이는 입시에 시달리지 않고 쉽게 대학에 들어갈 것이라는 생각이다. 입시사정관 제도 역시 이 같은 생각에서 모두가 환영했을 것이다. 이 방법은 수험생 한 사람을 두고 사정관 여러 명이 평가를 하는 미국식 평가제도다. 하지만 수험생이 많은 우리나라에서는 맞지 않는 평가방법이다. 미국마저 이 평가방법은 몇몇 대학에서만 도입하고 있는 정도다.

그렇다면 어떻게 대학입시 문제를 해결할 수 있을까? 한 가지 방법을 제시해보고자 한다. 그것은 전국 모든 대학의 이름을 통일하는 것이다. 유달리 인맥에 약한 것이 한국사회다. 그동안 교통 발달과 정보화 덕분에 혈연이나 지연 문제는 상당히 해소되었다. 반면 학연은 우리 사회에 더욱더 견고하게 철옹성을 구축하고 있다. 대학 문제는 학연 문제와 직결된다. 따라서 이 문제를 해결하기 위해서는 대통령 직선제 개헌과 같은 특단의 처방을 내려야 한다.

이 특단의 해결책은 프랑스처럼 대학의 이름을 통일하는 것이다. 서울대, 경북대를 비롯하여 대한민국의 모든 국립대학은 국립1대학, 국립2대학, 국립3대학, 국립27대학까지 이름을 통일한다. 그렇다고 서울대학교가 국립1대학이 되는 것은 아니다. 추점을 하여 번호를 정하면 된다. 강원대가 국립1대학이 될 수도 있다. 여기에 연세대, 고려대를 비롯한 모든 사립대학은 모두 그 지역 이름으로 통일한다. 즉 서울에 자리하고 있는 사립대학은 서울1대학, 서울2대학, 서울13대학 등으로 대학 이름을 바꾼다. 부산에 있는 사립대학은 부산1대학, 부산2대학, 부산7대학 등으로 말이다.

정치권이나 교육계가 마음만 먹으면 그리 어려운 일도 아니다. 이미 폴리텍 대학은 폴리텍1대학부터 폴리텍10대학까지 같은 이름으로 전국에 이름을 드높이고 있지 않은가.

또 하나의 문제는 대학의 교육 내용이다. 하루가 다르게 변하는 세상과는 동떨어진 교육을 하고 있다. 그러다보니 대학이 실업자 양성소로 변하고 있다. 직업과 대학의 '미스 매치'가 우리 사회에 부메랑이 되

대학 학과 개설 절차 비교

현재 대학교 학과 개설 절차	바람직한 대학교 학과 개설 절차
① 원로교수 선정 (설립자 측근)	① 비전 있는 직업분석 (직업분석 전문가)
② 학과 개설 준비 (원로교수 인맥)	② 학과 개설 준비 (관련 교수 영입)
③ 학생 모집 (성적에 따라)	③ 학생 모집 (적성에 따라)
④ 졸업 후 취직 (청년실업)	④ 졸업 후 취직 (프로 직장인)

어 돌아오고 있는 것이다. 그렇지만 정부나 대학 모두 이를 해결할 기미는 전혀 보이지 않고 있다. 도대체 그 원인이 어디에 있을까?

나는 다양한 직업을 분석하고 전문 분야 자격을 만드는 일을 주로 하는데, 그러다보니 직업과 자격, 학과가 서로 같은 맥락이라는 것을 알게 되었다. 결국 '좋은 학과=좋은 직업=좋은 자격'이라는 것이다. 대학에 취업과 관련하여 강의를 하면서 자연스럽게 이 문제를 이야기했다. 몇몇 대학에서 여기에 관심을 보여, 전망 있는 좋은 학과를 만들 수 있도록 제안했다. 일부 대학에서는 대학 총장의 관심 속에 추진하기도 했다. 그러나 모두 중단했다. 자신들의 자리를 염려하는 원로교수들 때문이었다.

지금 우리나라 대학의 학과는 대부분이 그 대학의 교수들이 주도하여 만든다. 그들이 학과를 만들면 어떻게 되겠는가. 당연히 자기 과목부터 챙긴다. 자기 사람 위주로 과목을 편성할 수밖에 없다. 사회에 나가 당장 직장에 들어가야 하는데 그것과는 전혀 상관이 없다. 제대로 된 학과를 만들려면 지금 사회에 필요한 직업이 무엇인지부터 분석해야 한다. 그것도 이미 늦다. 앞으로 10년 후, 20년 후 직업을 연구해야 한다. 이를 바탕으로 필요한 인재를 양성할 수 있는 학과를 만들어야 한다.

그런데 교수들이 20~30년이 지난 오랜 전공 지식을 가지고 학과를 만들다 보니 학과가 다 거기서 거기다. 앞으로 대한민국의 대학이 경쟁력을 가지려면 대학의 학과만큼은 직업분석 전문가를 만들어야 한다. 여기에다 대학의 학과를 만들어주는 전문 연구기관이 많이 생겨나야 한다.

무료 vs. 유료

●

근래에 65세 이상 어르신의 대중교통 무료 이용 정책이 논란이 되었다. 지하철과 버스 회사는 물론 운임을 보조하는 지자체들의 적자가 크기 때문이다. 더욱이 시 외곽으로 지하철이 연장 개통되자 낮에 이용하는 손님의 절반 이상이 무료 승객이라고 한다. 그동안 탑골공원이나 도심 속의 산에서 하루를 보냈던 은퇴자들이 대거 몰리고 있는 것이 주요 원인이다. 이 어르신들을 먹여 살려야 할 '88만 원' 세대들은 온라인을 중심으로 무료통행에 반기를 들고 나섰다.

사정이 이런데도 어느 지자체에서는 시민들에게 여권사진을 무료로 찍어준다고 선심성 정책을 폈다. 그러자 동네 사진관들이 들고 일어났다. 지방의 한 운전학원 원장이 버스노선이 없는 동네 시민들을 위해 무료 출퇴근 자원봉사를 나섰다. 얼마나 고마운 일인가. 하지만 학원 원장은 일주일 만에 고발당해 벌금 2,000만 원까지 물고서 그 일을 그만두어야 했다. 고발한 사람들은 다름 아닌 지역 택시 사업자들이었다. 자신들의 수입이 줄어들었기 때문이다. 무엇보다도 무료정책만큼은 조심스럽게 결정해야 한다.

사람을 통제하는 데 가장 효율적인 수단이 돈이다. 통행료, 주차료가 대표적이다. 이것들을 단순히 수익으로 보아서는 안 되는 이유이다.

출퇴근 시간에 도로가 막히는 곳을 보면 주로 통행료를 받는 매표소 근처다. 그러다보니 터널이나 도시고속도로 매표소를 지날 때면 저 매표소를 없애면 길이 막히지 않을 텐데 하는 생각이 든다.

그런데 매표소를 없애면 정말 길이 막히지 않을까? 결과는 정반대다. 통행료를 아끼려고 다른 길을 이용했던 사람들까지 몰려 통행량이 늘어나기 때문이다. 또 매표소는 교통량 완충작용을 한다.

사실 교통량을 줄이려면 매표소를 없애기보다 오히려 통행세를 올리는 편이 효과가 빠르다. 대부분 선진국들은 출퇴근 시간에 오히려 요금을 더 올려 받는다. 그런데 이 같은 원리를 모르는 사람은 출퇴근 시간에 통행료를 할인해달라고 아우성이다. 그러면 출퇴근 시간은 더 막히게 된다. 한 푼이라도 통행료를 아끼려는 사람이 출퇴근 시간에 몰려들기 때문이다. 반대로 요금을 올리면 부담을 느끼는 운전자들이 다른 길을 택하거나 대중교통을 이용할 것이다.

우리나라의 대부분 민자도로는 도로건설에 따른 비용 회수를 위해 통행세를 걷는다. 민간자본으로 건설했기 때문에 일정 기간 통행세를 걷어야만 건설비를 충당할 수 있는 것이다. 그렇기 때문에 그 기간이 끝나면 곧바로 무료 통행으로 바뀐다. 여기에는 무조건 시민의 의견을 대변하는 지자체 의원들이 한몫을 한다.

비용 회수 후 통행요금을 무료로 하면 통행량은 급격히 늘어난다. 무료 통행보다는 통행세를 조금 낮추어 계속 징수를 하든지 아니면 현행대로 통행세를 징수하여 그 돈을 유익하게 쓰면 더 큰 이익을 얻을 수 있다. 예를 들어, 자전거 도로 건설이나 보행자를 위한 시설에 투자를 한다면 지역민을 위해 훨씬 도움이 될 수 있다.

도로요금 제도만 잘 만들어도 교통량을 크게 줄일 수 있다. 고속도로에서 심야에 운행하는 화물차는 통행료를 50퍼센트 할인해준다. 그래서 대부분 화물차는 심야에 운행하도록 자연스럽게 유도하여 교통량 분산 효과를 보고 있는 것이다.

일본이나 유럽에서는 도시에 진입하려면 혼잡통행료를 내야 한다. 교통 혼잡을 방지하기 위해서 도심에 진입하는 차량에 통행요금을 부과하는 것이다. 우리나라도 한때 도입하려고 했지만 여론에 밀려 포기해버렸다. 겨우 남산1호, 3호 터널에 요금을 징수하는 정도에서 흉내를 내고 있다. 터널뿐만이 아니라 서울 도심을 진입하는 주요 도로에 요금소를 설치하여 혼잡통행료를 받아야 한다.

혼잡통행세를 5,000원 정도만 받아도 서울 도심의 차는 30퍼센트 이상 줄어들 것이다. 특별한 경우가 아니고서는 걸어서 가거나 대중교통을 이용하는 사람이 늘어날 것이다.

일본은 도심 진입 요금이 1만 5,000원이다. 싱가포르는 우리 돈으로 2만 원 정도를 부담해야 한다. 상하이는 더 강도 높은 교통 시스템을 도입하고 있다. 아예 차량을 등록할 때 고가도로 진입이 가능한 차와 그렇지 않은 차를 구분하여 번호판을 달리 만든다. 상하이에서 고가도로를 진입할 수 있는 차는 전체 차량의 20퍼센트 정도밖에 안 된다.

불과 몇 년 전만 하더라도 전국의 공항 주차장은 주차를 하는 사람이 거의 없었다. 주차장은 하루 종일 텅 비어 있었다. 하루에 3만 5,000원이나 하는 주차료 때문이었다. 덕분에 인근 민간 주차장은 초만원을 이루고 호황을 누렸다. 때문에 공항 주변의 민간 주차장은 권리금만 수억 원의 프리미엄이 붙었다.

새 정부가 들어서고 공항 관리공단 이사장이 새로 바뀌고 나서 이 문제에 칼을 댔다. 모두의 반대를 무릅쓰고 하루 3만 5,000원 하던 주차요금을 민간 주차장 수준보다 더 낮은 5,000원으로 7분의 1가량으로 낮추었다. 하루 주차요금 1만 원을 받았을 때 돈을 벌었던 민간 주차장은 궁여지책으로 3,000원을 받았다. 그들은 적자 운영을 하다가 끝내 대부분 문을 닫았다. 이후 주차요금이 저렴하니 공항 이용객도 늘었다. 더불어 공항에 대한 이미지도 좋아졌다.

그렇지만 반대로 주차요금이 비싸야 할 곳이 있다. 도심에 있는 주차장은 비싸야 한다. 그래야 도심에 차를 가지고 오지 않기 때문이다. 실제 도쿄의 경우 한 시간 주차요금이 우리 돈으로 8,000원 정도이다. 주차요금이 무서워 차를 가지고 다닐 수가 없는 것이다. 도심에 있는 대부분의 병원이나 공공시설에서도 주차요금을 일정 금액을 받는다.

그런데 이 요금을 받는 이유가 주차를 어느 정도 통제하기 위한 것인지 아니면 주차장 운영 수익을 위한 것인지 적절하게 균형을 유지해야 한다.

얼마 전 서울시가 백화점도 주차요금을 받도록 협의하였지만 끝내 백화점의 반대로 무산되었다. 10여 년 전 서울시는 반강제로 백화점 셔틀버스를 없애도록 했다. 버스업자들의 압력에 그들의 손을 들어준 것이다. 당시에 셔틀버스만 없애지 않았다면 대형 백화점들은 이번에 서울시의 요청을 받아들였을 것이다.

도심에 있는 회사나 공공건물의 경우도 마찬가지다. 이들 대부분은 주차요금을 받지 않는다. 그러나 형평성의 원칙에서 본다면 주차하는 사람에게 일정 금액 주차요금을 받아야 한다. 그래야 공평하다. 그리고 차라리 그 돈으로 휴게실 관리나 쾌적한 사무실 운영을 위한 비용으로 쓴다면 더없이 좋을 것이다.

건강한
사회가
되려면

●

월급 명세서를 보면 지출액 중 가장 큰 항목은 세금이 아닌 건강보험 료다. 1년에 병원 한 번 가지 않은 사람들은 그동안 낸 보험료 생각에 없는 병이라도 만들어 병원에 가고 싶은 마음이 든다.

우리 가족은 병원에 한 번 가지 않았는데 누가 그 돈을 다 쓴 것일 까? 이마저 부족해 1년에 2조, 3조씩 적자가 난다니 말이다.

건강보험공단의 통계를 보니 2010년 한 해 동안 한 사람이 무려 1,806번이나 병원에 가서 진료를 받은 사람이 있다. 이 사람은 매일 여 섯 번을 병원에 간 셈이다. 이 한 사람에게 지급된 보험료만 총 1억 원 이다. 그의 하루 일과는 병원에서 시작해 병원에서 끝난다.

이뿐인가. 연간 100번을 넘게 병원을 간 환자도 무려 52만 명이나 된다. 이들 한 사람에게 진료비와 약값 등 건강보험공단에서 지출한 돈은 평균 293만 원이다.

여기에다가 가끔 부정으로 보험금을 타낸 병원에 관한 뉴스가 나온다. 병원과 가짜 환자가 서로 짜고서 보험금을 타내는 것이다. 단속이 안 된 병원까지 생각해본다면 어마어마한 돈이 새고 있다는 이야기다. 노인들에게 관광까지 시켜가며 진료를 시켜주고 보험금을 챙기는 병원은 그래도 나은 편이다. 어떤 병원은 상품권에 현금까지 주고서 환자를 유치하고 있다.

요즘 인기를 얻고 있는 사업이 있다. 요양병원 사업이다. 멀쩡한 동네 병원이 어느 날 보니 간판이 요양병원으로 바뀌었다. 지방 병원도 앞 다투어 노인요양병원으로 바꾼다. 돈이 되니 그쪽으로 간판을 바꾸는 것이다. 건강보험공단에서 분석한 자료를 보면 2010년 상반기 6개월 동안 지출된 전체 보험료는 21조 5,000억 원이다. 그중 65세 이상 어르신에게 지급된 진료비가 전체 진료비의 32퍼센트인 7조 원에 이른다. 요양병원에 지출된 돈은 매년 35퍼센트 이상 늘어가고 있는 것이다. 65세 이상 고령자 인구는 490만 명으로 전체 인구의 10퍼센트인데 비해 진료비는 세 배나 더 많은 32퍼센트를 지출한다.

어르신을 모셔야 병원이 돈을 버는 것이다. 왜 이렇게 흘러가고 있는 것일까? 이런 추세로 가다가는 어르신 대부분이 요양병원으로 갈 것이다. 집에서 눈칫밥 먹는 것보다 시설 좋은 요양병원이 더 편하기 때문이다. 아무리 사회복지도 좋지만 65세 이상 어르신도 어느 정도 자기 책임을 져야 한다. 65세에 벌써 요양병원 신세를 져야 한다면 그 어르신은 평소 건강 관리를 잘못한 것이다.

감기는 항생제를 주사해서는 아무런 효과가 없다고 한다. 머리가 아픈데 소화제를 주는 것과 같기 때문이다. 그래서 외국에서는 어지간한 감기에는 병원에 가지 않고, 병원에서도 감기환자에게는 비타민을 처방하는 정도라고 한다. 그런데 우리는 감기가 걸리면 무조건 병원에 간다. 병원에서 주사라도 몇 대 맞아야 그나마 조금 기분이 풀린다. 진료명세서를 보고 본인 부담보다 공단에서 주는 돈이 더 많을 때 그동안 낸 보험료가 아깝지 않다는 생각이 든다.

반대로 우리 가족이 건강해서 몇 년 동안 병원에 가지 않으면 그동안 낸 보험료가 아깝게 느껴진다. 매일 병원에 가는 옆집을 보면서 그집 병원비를 내가 보태주는 것 같은 생각이 든다. 지금의 우리나라 건강보험료 구조를 이대로 고집하는 이상 보험은 적자가 날 수밖에 없다. 건강보험공단의 보험금은 주인 없는 돈이기 때문이다.

우리나라는 애초에 남미와 같은 할증식 의료보험 제도를 도입했어야 했다. 그렇게 되면 자동차 보험료처럼 병원에 많이 가면 보험료가 올라가고 병원에 적게 가면 매년 보험료가 내려가는 것이다.

병원에 가는 경우를 한번 따져보자. 가다가 넘어진다든지 전염병이나 사고 등 어쩔 수 없는 경우는 당연히 보험료를 지급해도 문제가 되지 않을 것이다. 그러나 고혈압, 당뇨, 신경통, 관절염 등 대부분 병은 본인의 잘못된 생활습관 탓이다. 술, 담배를 계속하고 운동은 전혀 하지 않는다. 음식도 절제 안 하며 살다가 스스로 얻은 병이 바로 성인병이다. 생활습관이 잘못되어서 만든 병이라 하여 7년 전부터 '생활습관

병'으로 이름까지 바뀌었다. 최소한 이 병이라도 본인 부담금을 70퍼센트 이상 받아야 한다.

지금은 스마트 그리드 시대이다. 전기요금도 실시간으로 요금이 달라져 요금이 쌀 때 내가 전기를 골라서 쓸 수 있도록 시스템을 만들고 있다. 또한 20~30만 원 정도의 자동차 접촉사고를 내고 나면 누구나 고민을 한다. 보험으로 처리해야 하는지 아니면 할증을 피하기 위해 그냥 내 돈을 내야 하는지 말이다.

그러나 병원에 가기 전에 고민하는 사람이 있는가? 줄을 서서 약 처방을 기다린다. 병원에 손님이 넘쳐나고 약 처방을 기다리는 사람들로 약국에 줄을 길게 늘어서 있다면 분명 이 나라는 병든 사회이다. 지금의 의료보험 시스템이라면 병원을 많이 가라고 부추기는 것이나 다름없다. 의료보험료 할증방식 도입이 어려운 것도 아니다. 그동안 병원을 제집 드나들듯 보험료를 축낸 100만 명 정도는 타격이 크다. 도덕성을 상실한 일부 병원 약국도 타격이 클 것이다. 그러나 이들을 보이지 않는 사회범죄자로 만든 것이 지금의 우리나라 의료보험 시스템이다.

사실 할증방식은 이미 우리 생활 곳곳에 자리하고 있다. 알뜰한 주부라면 전기세를 아끼기 위해 가끔 계량기를 한 번씩 볼 것이다. 고지서를 한번 보라. 100kWh를 쓸 때와 500kWh를 쓸 때를 비교하면 1kWh당 전기세가 약 6배 차이 난다. 전기를 덜 쓰게 하기 위해 전형적인 페널티와 인센티브 제도를 동시에 적용한 것이다. 약 300kWh를 쓰면 원가에 쓰고 있는 셈이다. 전기를 많이 쓰는 가정에서 적게 쓰는 가정에 전기료를 보태주는 것이다.

사실 전기세 누진세율은 위헌에 가깝지만 이를 문제 삼는 국민은 아무도 없다. 이 누진세는 오로지 주택에만 적용된다. 오피스텔이나 식당, 기업, 상가는 지금도 누진세가 없으니 말이다. 만약 상가도 가정처럼 누진세를 적용한다면 문을 활짝 열어놓고 에어컨을 켤 상가는 없을 것이다. 한때는 주상복합 아파트가 상가로 분류되어 같은 500kWh를 써도 일반 가정의 5분의 1도 안 되는 전기료를 내는 기가 막힌 경우도 있었다. 지금도 대부분 오피스텔 전기세는 일반 가정용 전기세보다 2분의 1밖에 안 된다.

고객을
불편하게
하라

●

'고객만족'이라는 단어가 유행처럼 번질 때 은행도 고객만족을 위하여 다양한 아이디어를 냈다. 고객을 위한 휴게실을 별도로 만들어 그야말로 호텔 수준으로 꾸몄다. 어떤 은행은 안내문에 '2분 이상 대기하는 고객에게는 1,000원을 돌려줍니다'라는 문구까지 내걸었다.

그러다가 글로벌 금융위기를 맞았다. 너도나도 맥킨지 등 외국 컨설팅사로부터 경영 컨설팅을 받았다. 은행을 진단한 외국계 컨설팅사는 고객휴게실부터 없애라고 했다. 그동안 고객이 편안하게 앉도록 했던 소파도 딱딱한 의자로 바꾸게 했다. 등받이 의자는 아예 없애고 잠시 걸터앉을 수 있는 의자로 바꾸었다.

현금지급기는 아예 매장 밖으로 뺐다. 당장 창구 직원을 확 줄이라고 했다. 그러자 대부분 고객은 10분 이상 기다려야 했다. 고객만족 부서는 당황스러웠다. 자신들이 그동안 해온 고객만족과는 정반대였기 때문이다. 오래 기다리는 고객을 위해 창구 직원을 두세 명 더 배치한 은행은 도대체 무슨 이야기인지 혼란스럽기까지 했다. 컨설팅사는 그렇게 한 이유에 대하여 상세하게 설명했다.

객장을 찾은 소액 고객들은 오히려 은행의 수익으로 보면 이익을 주는 사람들이 아니라는 것이다. 따라서 객장에 오는 사람들은 빨리 일을 보고 가도록 해야 한다. 고객이 불편한 객장에서 오랜 시간 기다리다 보면 어지간해서는 은행에 안 오고 집에서 인터넷 뱅킹을 하든지 다른 방법을 찾게 된다는 것이다. 은행이 후덥지근하고 쉴 곳이 마땅치 않으면 객장에 오래 있지 않고 빨리 나갈 것이다.

그들은 담당자를 이해시키기 위해 스탠드바를 예로 들었다. 스탠드바는 비좁은 공간에 의자 없이 서서 맥주나 음료를 마시는 곳이다. 그럼 왜 서서 마시도록 했을까? 이유는 간단하다. 서 있으니 힘들어서 오래 있지 못하고 빨리 나가게 된다는 것이다. 공항이나 고속도로 휴게소 같은 공공장소에 있는 인터넷용 PC의 의자를 없애버린 것도 이와 같은 이치에서다.

오토멧 형제는 맥도날드에서 편안한 마음으로 햄버거를 먹는 것이 소원이었다. 햄버거를 먹으면서 오랜 시간 앉아 있으면 종업원이 빨리 나가라고 종을 울려대면서 돌아다녔기 때문이다. 형제는 매주 복권을 사면서 다짐했다. 만약 복권에 당첨되면 햄버거 가게를 최고급 카페 분위기로 차리겠다고 말이다. 그런데 기적처럼 복권에 당첨되었다. 그들은 즉시 번화가에 최고급 레스토랑 분위기의 햄버거 가게를 열었다.

문을 열자마자 가게는 손님들로 장사진을 이루었다. 그런데 돈을 벌기는커녕 6개월 만에 문을 닫아야 했다. 그 이유는 단순했다. 1달러도 안 되는 햄버거를 먹으면서 두세 시간 이상을 자리를 차지하고 나가지 않았기 때문이다. 줄을 선 손님들은 늘 자리가 없어 불만이었다.

햄버거 하나를 사먹으면서 한 시간 이상 앉아서 친구들과 이런저런 이야기를 나누면 그 가게는 돈을 벌기 힘들다. 주변에 있는 햄버거 가게에 가면 자세히 보라. 맥도날드나 롯데리아의 의자가 얼마나 작은지 말이다. 엉덩이 반쪽만 걸칠 만큼 비좁게 만들어져 있다는 것을 알 수 있다.

고객을 불편하게 한 현장을 보고 싶으면 주변의 은행에 가보라. 그리고 창구 직원들의 태도를 보라. 그들은 절대 빨리빨리 일을 처리하지 않는다. 고객을 일부러 대기하도록 만든다. 고객이 몇 명 없으면 일부 창구 직원은 아예 다른 일을 하고 고객을 대기하게 한다.

아스팔트 포장으로 뒤덮인 여의도광장을 공원으로 만들 때 팔각정 몇 개를 설치했다. 그러자 점심시간만 되면 팔각정에서 도시락을 먹거나 드러누워 잠을 자는 사람들이 늘어나 영등포구청의 애물단지가 되었다. 공원 담당부서는 팔각정을 없애지도 못하고 고민만 하고 있었다. 이에 대한 해결책은 간단히 나왔다.

고객을 불편하게 하는 것이었다. 팔각정 마룻바닥을 울퉁불퉁한 통나무로 바꾸었다. 그러자 이용자들은 불편한 마룻바닥에 단 1분도 앉을 수 없다. 가끔 발바닥 안마를 하는 사람들이나 잠깐 이용을 하는 정도였다. 팔각정은 다시 시민 모두의 품으로 돌아왔다. 지금 우리 주변에 있는 공원의 의자나 정자의 마룻바닥을 한번 유심히 살펴보라. 대부분이 통나무로 되어 있다. 오래 앉아 있지 못하게 하기 위해서다.

하지만 시스템을 모르면 있는 시스템도 없애버리기도 한다. 광주시 본관 로비에 있는 인터넷 PC가 대표적인 사례다. 로비에는 시민들을 위한 인터넷 PC가 설치되어 있다. 이곳에 있는 의자를 자세히 보면 의자바닥이 보통 의자와는 다르다는 것을 알 수 있다. 의자의 바닥이 없는 대신 둥그런 쇠파이프에 커버만 씌워 의자를 대신하고 있다.

이것은 의자라기보다 의자 흉내만 낸 것이다. 시민들은 여간 불편한 것이 아니었다. 잠시 앉아 있기도 힘들다. 그나마 젊은 사람은 견딜 만하다. 노인들은 아예 이용하지를 못한다. 시민이 불편해 하는 이 의자는 외국계 설계회사에서 설계한 것으로 시스템 이론을 적용한 것이다.

그런데 몇 년 후 다시 그곳에 가보니 의자 몇 개가 바뀌어 있었다. 둥근 파이프 대신 넓적한 모양으로 바뀐 것이다. 공보실에 그 사연을 들어보니 어이없게도 내부 직원이 개선안을 올려서 별도 예산을 들여 의자바닥을 고쳤다고 했다. 시에서는 타당한 의견이기에 돈을 들여 고쳤을 것이다. 파이프에 평평한 바닥을 올리려니 얼마나 힘들었겠는가. 실제로 고치는 비용이 의자를 사는 것보다 더 들어갔다고 한다. 이 정도가 우리의 현실이다. 있는 시스템도 알아보지 못하고 없애버리니 말이다.

편리함에
함정이
있다

●

인간은 누구나 편리함을 추구한다. 그러나 편리함이 인간을 이롭게 하
는 경우는 극히 드물다. 화장실이 안방으로 들어오고 나서부터 성인병
이 부쩍 늘었다고 한다. 새벽에 화장실에 갈 때조차 운동을 안 하기 때
문이다. 그런데도 우리는 편리함에 길들어가고 있다. 더욱이 자본주의
의 상업성까지 가세하여 편리함을 부추긴다.

지리산 노고단은 가보고 싶은데 힘이 들어 못 올라가는 사람이 많
은 모양이다. 그러자 한 지자체가 케이블카를 설치하자는 의견을 냈다.
힘들이지 않고 지리산의 경치를 구경하면서 쉽게 산에 올라갈 수 있으
니 사람들이 많이 찾는다는 것이다. 덩달아 관광수입도 늘어날 것이라
는 얘기다.

이 계획이 구체화되자 케이블카 설치를 놓고 환경단체와 주변의 지
자체가 줄다리기를 하고 있다. 한편에서는 환경 파괴를 걱정하고, 지리

산을 끼고 있는 지자체 간에 이익까지 대립되고 있는 것이다.

케이블카를 설치하면 힘겹게 걸어서 정상에 오르는 사람들이 하나
둘 줄어들 것이 뻔하다. 처음에는 케이블카가 있더라도 환경이나 건강
을 위해 소신껏 걸어서 오르는 사람도 있겠지만, 한두 해가 지나면 점
차 줄어들 것이다. 사람들은 걸어서 산에 오르는 대신 케이블카를 타
고 오르든지 아니면 케이블카가 없는 태백산이나 소백산으로 등산 코
스를 바꿀 것이다. 그 이유가 동물의 뇌 때문이라는 것은 독자들도 이
미 알고 있을 것이다.

지리산에 케이블카를 설치하는 정도는 그나마 이해할 만하다. 전라
남도의 한 정치인은 목포에서 제주도까지 해저터널을 만들자고 제안
하고 나섰다. 지금은 배나 비행기로밖에 가지 못하는데 터널을 뚫으면
차를 타고 편리하게 제주도를 갈 수 있다는 것이다. 또 터널 공사로 지
역경제에도 크게 도움이 된다는 주장이다.

그러나 제주도가 관광지가 된 것은 무엇보다 배나 비행기가 아니면
갈 수 없는 섬이기 때문이다. 제주도를 가본 사람이라면 공항이나 배
를 탈 때 탑승 수속을 하면서 묘한 긴장감을 경험한다. 내릴 때도 마찬
가지다. 신분증을 검사하고 소지품까지 검사받지만 이를 불편하다고
항의하는 사람은 없다. 오히려 자신이 특별한 곳에 왔다는 느낌마저
자연스럽게 들게 된다. 남이섬이 한국을 넘어 일본과 중국에까지 알려
지게 된 것도 배를 타야만 갈 수 있는 도심 근교의 섬이기 때문이다.

언젠가 나는 유엔참전국협회 사무총장과 함께 경북 왜관에 있는

미군부대를 방문하게 되었다. 일반인은 출입할 수 없는 곳이 미군부대다. 사전에 신청을 하고 며칠을 기다려 허가를 받아야만 그곳에 들어갈 수 있다. 평소에 자주 지나다니는 가까운 곳이지만 까다로운 절차를 거쳐 들어가니 전혀 다른 나라에 온 느낌이 들었다. 만약 자동차를 타고 쉽게 들어갔다면 그런 생각이 들었을까?

어렵사리 소유하게 된 것은 오래도록 간직하며 소중하게 생각하는 법이다. 아무리 좋은 것이라도 쉽게 얻으면 그만큼 쉽게 잊어버리고 그 가치를 알지 못한다. 최근 방송에서 인기를 끌고 있는 예능프로그램을 보면 이 같은 원리를 잘 알 수 있다. 아프리카 오지에서 원시생활을 하고 어린 아들과 함께 한적한 시골 집에서 도시의 편리함과는 거리가 먼 생활을 한다. 시청자들은 그들의 모습을 보면서 잔잔한 감동을 받는다.

인간을 위한 편리함의 극치를 담아 놓은 도시가 바로 두바이다. 그런데 화려한 그곳보다도 불편함의 극치를 이루는 골목이 즐비한 태국의 전통시장이 오래도록 간직되는 것도 같은 이치이다.

달은 밤에 떠야 운치가 있고 아름답다. 달을 태양으로 바꾸면 전깃불도 필요 없고 좋을 것 같지만 어리석은 생각이다. 산길을 돌아다니기 불편하다고 터널을 뚫고, 배 타고 다니기 불편하다고 다리를 놓으면 사람 살기가 편하고 좋아질 것으로 생각하니 안타까운 일이다. 거제도와 부산을 연결하는 다리 정도라면 경제적 이유를 보나 여러 가지 면에서 설득력이 있다. 그렇다고 다른 섬들도 다리를 놓는 것은 생각해봐야 한다. 목포 앞에 있는 아름다운 섬 압해도 등 지금도 다도해 주요 섬들을 다리로 연결하는 계획이 착착 진행 중이다. 섬이 다리로 연결되면 당장 여객을 실어 나르는 배들이 없어진다. 섬 곳곳에 도로가 닦이고 외지인들이 쉽게 들락거리게 된다. 섬마을 문화가 서서히 바뀌는 것이다. 다리 하나에 섬은 사라지고 육지로 연결되니 생태계까지도 하나둘 바뀐다.

내가 결혼할 당시 아내가 혼수로 가져온 냉장고는 200리터였다. TV는 20인치였다. 지금 이 정도의 가전제품은 원룸에서조차 쓰지 않는다. 냉장고는 최소 800리터에 TV는 50인치 이상이다. 냉장고가 커지면 그 속에 물건을 가득 채워야 하니 대형마트가 성업 중이다. 한꺼번에 음식을 많이 사게 되니 싱싱한 음식을 먹지 못하게 된다. 냉장고가 커진 이유는 자본주의 시스템이 만들어놓은 결과물이다.

언젠가 나는 직장에 다니는 딸아이와 함께 집을 떠나 몇 년을 생활해야 했다. 300리터 이상의 큰 냉장고를 고집하는 딸을 설득한 끝에 100리터짜리 소형 냉장고를 구입했다. 그리고 3년 이상을 그 냉장고를 가지고 생활했다. 처음에는 불편했지만 한 달도 채 안 되어 딸은 작은 냉장고에 익숙해졌다. 어지간한 반찬은 3일 이상 보관할 수가 없었다. 음료수는 넣을 공간도 없다. 반찬 가짓수도 자연스럽게 줄어들었다. 그러자 생활비도 줄어들었다.

냉장고 크기를 절반으로 줄이면 부엌이 훨씬 넓어질 것이다. 당연히 전기세도 적게 나온다. 대형마트에서 카트에 가득 장을 보는 대신 동네 시장에서 매일 싱싱한 음식물을 사게 될 것이다.

　불편함은 몸을 많이 움직이게 한다. 반대로 편리함은 몸을 적게 움직이도록 한다. 빗자루에서 청소기로, 청소기에서 다시 로봇 청소기로 청소가 편해진 만큼 우리 몸도 병들어간다. 병원은 번창할 것이고 약국은 처방전을 든 고객들로 줄을 설 것이다. 몸은 편해서 좋겠지만 우리 몸은 편리함에 조금씩 죽어간다. 사회는 탄소배출량이 늘어나 죽어간다.

평등보다 공정이다 | 전문가가 만들어야 한다 | 채찍보다 당근이 효과적이다 |

시스템도 진화해야 한다 | 최악의 상황까지 고려하라 |

제도보다 장치를 만들어라 | 단계별로 시행하라 | 시스템을 없애라

4장

시스템을 만드는 8가지 원칙

꼭 필요한 시스템이라고 해도 잘못 만든다면 특정인에게 이익을 주기도 하고 반대로 많은 사람들에게 피해를 주기도 한다. 의사에게 칼을 주면 사람을 살리지만 강도에게 칼을 주면 사람을 죽인다. 칼을 가진 사람이 기득권층이나 갑의 위치에 있다면 더욱 그렇다. 이게 쌓이면 사회 갈등과 불만으로 나타난다. 우리 사회가 계층 간에 갈등과 불신이 큰 것도 이 때문이다.

서울을 목적지로 경주를 하려면 반드시 지켜야 할 규칙이 있다. 출발지가 같아야 한다. 또한 걸어서 가기로 했으면 모두가 걸어서 가야 한다. 대전에서 출발하거나 누가 안 본다고 중간에 몰래 자전거나 자동차를 타고 간다면 명백한 반칙이다.

대부분 사람들은 규칙을 지키고 땀을 흘리며 걸어서 서울에 간다. 이게 상식이고 원칙이며 공정이고 정의이기 때문이다. 그동안 우리 사회는 앞으로 가든 뒤로 가든 수단과 방법을 가리지 않고 서울에만 가면 되었다. 열심히 걸어서 가는 사람만 손해를 보았다. 몰래 자동차를 타고 일찌감치 서울에 도착한 사람들은 좋은 자리를 다 차지했다. 하다못해 중고 오토바이라도 구해 타고 서울을 먼저 간 사람이 그다음 자리를 차지했다. 대다수 법을 지키고 땀을 흘리며 성실하게 걸어서 간 사람은 그들의 들러리에 불과했다.

이 사실을 나중에 알고 난 사람들이 항의를 하면 불순분자로 몰렸다. 더 강력하게 항의하면 국가질서를 파괴한다고 법으로 구속을 했다.

축구경기장으로 한번 가보자. 골대의 크기를 제멋대로 한다든지, 발로 차든 손으로 넣든 힘이 센 자들이 판을 치는 축구라면 그야말로 동네 축구이다. 우리가 선진국으로 가기 위해서는 하루속히 동네 축구에서 벗어나야 한다. 이제 어떻게 시스템을 만드는지 몇 가지 원칙을 알아보자.

평등보다
공정이다

●

시스템은 평등이 아닌 공정이 우선이다. 호랑이와 악어가 싸우면 누가 이길까? 호랑이가 이길 수도 있고 악어가 이길 수도 있다. 그날의 컨디션이 아니라 경기 장소에 따라서 달라진다. 경기장을 늪지에 세우면 당연히 악어가 이기고 숲속에 세우면 호랑이가 이긴다. 그렇다면 그간 우리 사회가 공정한 경기장을 만들었는지 한번 생각해보자.

공항 매표소 앞에서 줄을 서 있는데 내 줄만 줄어들지 않는다. 옆줄은 금방 줄어드는데 내 줄만 계속 그대로다. 매표소 직원은 까다로운 손님 한 사람 때문에 이러지도 저러지도 못하고 안절부절못한다. 그런데 서울역에 한번 가보라. 그런 걱정은 안 해도 된다. 매표소는 네 군데지만 줄은 한 줄로 서기 때문이다. 이 시스템은 공중화장실에도 적용되고 있다.

공자는 "백성은 가난을 탓하지 않고 차이를 탓한다"라고 말했다.

모두 다 같이 못살 때는 불만이 없었다. 하지만 우리 집 자동차는 구닥다리인데 이웃집에서 새 차를 사면 괜히 기분이 좋지 않다. 그나마 그가 열심히 벌어서 자동차를 샀다면 인정을 한다. 배가 아프지 않다. 그런데 별로 성실한 것 같지도 않고 나보다 일도 열심히 한 것 같지 않은데 좋은 차를 사면 배가 아프다.

얼마 전 모 대학 총장으로 부임한 분이 했던 말이 기억난다. 그는 "사촌이 논을 사면 박수를 쳐주라"며 우리의 국민성을 꼬집었다. 그런데 그는 우리 국민이 왜 박수를 안 치는지 모르는 것 같다. 사촌이 열심히 일해서 논을 샀다면 당연히 박수를 쳐준다. 우리 국민 누구 하나 박수 안 치고 싶은 사람이 없을 것이다.

열심히 성실하게 일하는 사람이 존경받고 잘사는 사회가 공정한 사회이다. 많이 버는 사람은 세금을 많이 내는 사회가 공정한 사회이다. 연봉 10억 원을 받는 사람이나 연봉 2,000만 원을 받는 사람 모두 휘발유값은 리터당 2,000원이다. 언뜻 보면 참 공정한 사회 같다. 그러나 이거야말로 불공정한 사회이다.

만약 휘발유에 농산물이나 TV처럼 세금이 없다면 지극히 공정하다. 그런데 휘발유 2,000원을 넣으면 세금이 절반이다. 우리가 아는 세금 상식은 많이 버는 사람은 많이 내고 적게 버는 사람은 적게 내는 것이다. 그러나 아직도 우리는 공정과 평등을 구별하지 못한다.

늪지 한군데에만 달랑 경기장을 세워놓은 것은 악어 세상을 만들기 위한 평등사회이지 공정사회는 아니다. 호랑이를 위해 숲에도 경기장을 세워야 한다. 두더지를 위해 땅속에도 경기장을 만들어야 하며, 새들을 위해 하늘에도 만들어야 한다. 이것이 곧 정치하는 분들이 그렇게도 주장하는 공정한 사회이고 정의사회인 것이다.

공정이란 무엇인지 교통법규 위반에 대한 유럽의 사례를 보자. 우리나라는 같은 속도위반을 하면 하루 일당 5만 원인 일용직도 범칙금이 6만 원이고 연봉 100억 원인 회장님도 범칙금이 6만 원이다. 언뜻 봐도 공정하지 않다는 것을 알 수가 있다.

이 때문에 스웨덴을 비롯한 유럽의 대부분 나라에서는 이미 오래전부터 평등이 아닌 공정한 벌금제도를 채택하고 있다. '일수벌금제'라고 하는데 소득에 따라 벌금에 차등을 두는 제도를 말한다. 예를 들어, 음주운전을 하다 적발되는 경우 일용직 근로자는 1개월 정도의 월급을 벌금으로 낸다. 하지만 연간 소득이 100억 원인 기업 회장이 적발되면 한 달 월급 약 8억 원 정도를 벌금으로 내야 한다. 얼마 전 이 나라에서 40킬로미터 속도위반으로 8,000만 원의 범칙금을 부과 받은 가수가 벌금을 못 내자 뉴스에 보도되었다. 이 같은 일수벌금제는 속도위반이나 기타 모든 벌과금에 도입이 되고 있다. 얼마나 공정한 제도인가.

우리나라와 마찬가지로 프랑스도 학교 급식 문제가 항상 논쟁거리다. 그런데 우리는 무상이나 유상이냐를 놓고 떠들썩하지만 프랑스는 우리와 전혀 방향이 다르다. 프랑스는 학부모의 소득수준에 따라 학생의 급식 등급을 1단계부터 8단계까지 정한다.

가장 낮은 단계인 1단계는 급식비로 0.13유로200원를, 최고인 8단계는 5유로7,600원를 내도록 되어 있다. 그렇다면 한 끼에 실제 급식비는 얼마일까? 약 3유로4,200원이다. 5단계에 해당하는 학부모의 급식비는 3유로이니 제값의 비용을 내고 급식을 먹는 것이다. 6단계, 7단계, 8단계 학부모는 급식비를 실제 점심값보다 더 내는 셈이다. 부자는 부자답게 더 내고 형편이 곤란한 학생은 그에 맞게 덜 내는 것이다.

프랑스는 입학에서부터 졸업까지 모든 교육을 국가가 책임지는 공교육의 발상지이다. 대부분 대학등록금이 없다. 새 학년이 된 초·중등 학생들에게 한 명당 약 40만 원을 지급한다. 공책, 가방 등 새 학기 준비물을 위해서다. 그런데도 급식비는 왜 받는 것일까? 한국에서 유학을 간 한 학부모가 궁금해서 시청 직원에게 물었다. 답은 간단했다.

"부모가 자식의 밥값 정도는 조금이라도 부담해야 하지 않나요?"

초등학교 급식비 하나도 8단계로 차등을 두어 구별한다. 공정을 생각하기 때문이다.

전문가가
만들어야
한다

●

'국회의원 연금법' 때문에 국민들이 화가 났다. 전현직 국회의원에게 퇴임 후 죽을 때까지 매월 120만 원씩 연금을 준다는 것이다. 비리를 저질러 구속이 되었다가 나온 사람까지 말이다. 단 하루만 금배지를 달아도 이 돈을 준다는 사실을 알고는 더욱 분노할 수밖에 없다. 120만 원은 결코 적은 돈이 아니다. 월급쟁이가 국민연금공단에 매월 30만 원씩 꼬박 30년을 부어야 받을 수 있는 돈이다.

도대체 이런 법을 누가 만들었을까? 다름 아닌 국회의원 자신들이 만들었다. 자신의 노후보장을 위해 일찌감치 자기들 몫부터 챙겨놓은 것이다.

만약 이 법을 시민단체나 국민들이 나서서 만들었다면 이런 식으로 만들었겠는가. 아마 그들에게 연금은 단 한 푼도 주지 않을 것이다. 오히려 국회의원 시절에 국민의 세금으로 호사를 누렸으니 퇴직 이후에는 그동안 받은 만큼 사회봉사를 하라고 '국회의원 봉사법'을 만들지도 모르는 일이다.

아프리카에서는 동물을 잡은 사냥꾼이 직접 고기를 나눌 때 절대 자신이 고기를 가져가지 않는다고 한다. 그래야 고기를 공정하게 나눌 수 있기 때문이다.

존 롤스John Rawls의 정의론에 따르면 케이크를 자르는 사람이 마지막 케이크 조각을 반드시 가져가게 되어 있다. 그것도 다른 사람보다 월등히 큰 조각을 말이다. 결국 국회의원을 탓할 필요는 없다. 사람이라면 누구나 자기 밥그릇을 먼저 챙기는 것은 당연하기 때문이다. 그렇기에 시스템은 이해관계가 없는 전문가들이 만들어야 한다. 그렇지 않고 이해관계자들이 만들면 당연히 자신에게 이로운 방향으로 만들게 되어 있다.

한때 대통령의 거부권 논란에 휩싸인 택시법 역시 마찬가지다. 택시가 버스처럼 대중교통으로 분류되면 운행 적자분을 지자체에서 지원받을 수 있다. 택시요금을 승객에게서 받는 것이 아니라 시에서도 받게 된 것이다. 결국은 시민의 돈이다. 여기에 택시감축법까지 밀고나갈 추세다. 택시의 수가 너무 많아 장사가 안 되니 택시를 줄이자는 것이다. 참 좋은 생각이다. 그런데 문제는 택시를 현재 시세대로 정부가 사달라는 것이다. 1,000만 원도 안 되는 택시를 6,000만 원 정도에 사서 없애달라는 것이다. 이 역시 시민의 돈으로 해결해야 한다. 어떤 시에서는 궁여지책으로 법인택시 두 대를 사면 개인택시 한 대를 내준다고 법을 만들었다. 시민들에게 부담을 주지 않기 위해서다. 그러자 이번에는 개인택시들이 반발하고 나섰다. 개인택시가 많아지면 가격이 떨어진다는 이유에서다.

존 롤스의 말처럼 누구든 자리를 차지하면 그 자리를 포기하기란 쉽지 않다. 한참을 기다려 어렵게 시내버스를 탔다. 타고 보니 마음이 달라진다. 내가 탄 버스는 다음 정거장에 정차하지 않고 그냥 지나쳤으면 하는 마음이 생긴다. 인간의 심리는 누구나 같은 것이다.

'88만 원 세대'도 알고 보면 기득권을 가진 기성세대가 만든 자화상이다. 기성세대들은 큰 어려움 없이 지금의 자리를 차지했다. 새마을 세대들이 피땀 흘려 물려준 일자리와 재산을 어렵지 않게 물려받았다. 대학을 졸업하면 두세 군데서 합격통지서를 받았다. 어지간한 지방 공기업 정도는 쳐다보지도 않았다. 3~4년 저축하면 소형아파트 한 채 정도는 쉽게 마련했다.

그들 모두가 사다리를 타고 위만 쳐다보고 정신없이 올라왔다. 올라오고 보니 먹을 것도 넉넉하고 좋다. 그런데 다음 사람이 오면 내 몫이 줄어들 것 같다. 그래서 다음 사람이 못 올라오도록 내가 올라온 사다리를 걷어차 버린다. 신입사원은 어지간해서 뽑지 않는다. 겨우 비정규직 몇 명에게 자리를 내준다. 사놓은 아파트는 값을 올린다. 땅은 개발이라는 명분하에 몇 배를 부풀려 되판다. 사다리 저 밑에서는 젊은이들이 취업난과 주택난에 허덕이고 있다. 케임브리지 대학교의 장하준 교수는 이 같은 우리 사회의 현실을 담아 《사다리 걷어차기*Kicking* *away the Ladder》*라는 책을 출간했다.

나는 가끔 대학에서 취업준비생을 대상으로 강의를 할 때가 있다. 그들을 보면 얼마나 가슴이 아픈지 모른다. "아프니까 청춘이다"라는 말 한마디로 위로하기에는 너무 미안해서 그들을 볼 낯이 없다.

케이크를 자르는 사람에게는 조건이 하나 더 있다. 즉 그 분야의 전문가여야 한다.

"제도를 만들면 뭐합니까. 지키지를 않는데……."

우리가 많이 들어왔던 이야기다. 그동안 우리는 제도를 만들어놓고도 왜 지키지 못했을까? 그것은 시스템에 대하여 아무것도 모르는 비전문가들이 제도를 만들었기 때문이다. 지금 우리나라의 제도 대부분을 정치하는 사람들이 만들기 때문이다. 선거로 뽑힌 그들이 선거 때 약속한 공약을 이행하려면 과연 공정한 제도를 만들겠는가. 그들이야말로 케이크를 마음대로 자르는 사람들이다.

제도는 정치인이 아니라 기업이나 공무원 등 담당자들이 만들어야 한다. 그러나 그들은 제도를 만드는 것을 회피한다. 무엇보다 제도를 만드는 절차가 복잡하다. 또한 선거로 뽑힌 정치인은 책임질 필요가 없지만 공무원이나 기업 담당자는 책임을 져야 한다. 결국 나중에 제도를 발의한 사람에게 그 책임이 돌아온다. 그래서 자기 발등 찍는 일은 안 하는 것이다.

여기에다가 대부분의 제도는 이해관계자에게 득실을 가져다준다. 이익을 보는 집단은 문제가 없지만 손해를 보는 집단이나 개인은 즉각 반발을 한다. 때로는 목숨을 걸고 결사투쟁을 한다. 결국 이익을 보는 사람들만을 위한 제도만 점점 더 많아진다. 건강보험법이나 복지 관련 법 등이 대표적인 경우다. 그러나 이 경우에 손실은 국민 전체가 떠안아야 한다. 정확히 말하면 우리의 자녀들이 떠맡아야 한다.

채찍보다
당근이
효과적이다

●

집에서 기르는 동물 중에 당나귀란 동물은 길들이기가 매우 힘들다고 한다. 그래서 당나귀를 길들일 때는 코앞에 당근을 내밀고 뒤에서는 채찍을 적당하게 가해야 효과적이라고 한다.

하지만 조련사는 동물을 훈련시키는 동안에는 절대 채찍을 쓰지 않는다고 한다. 일반인이 집에서 애완견을 길들이지 못하는 이유도 당근을 쓰지 않고 채찍을 쓰기 때문이라는 것이다. 사람들은 애완견이 잘못했을 때에 주로 소리를 지르거나 윽박지르면서 채찍을 가한다. 반면에 조련사들은 잘했을 때에 칭찬을 해주고 잘못했을 때는 그냥 지나친다. 이는 애완견뿐 아니라 덩치 큰 고래를 훈련할 때도 마찬가지다. 하지만 잘못을 그냥 지나치고 잘하는 것을 찾아 칭찬하기란 쉽지 않다.

리더십 코치 전문가인 캔 블랜차드Ken Blanchard는 이 같은 이치를 담아《칭찬은 고래도 춤추게 한다Whale done》라는 책을 출간했다. 동물뿐만이 아니라 사람 역시 벌보다 칭찬이나 보상이 훨씬 효과적이라는 것이다.

그러나 대부분 사람들은 당근 대신 채찍을 든다. 이유는 간단하다. 효과가 빠르기 때문이다. 또한 돈이 들지 않기 때문이다. 그리고 그들이 하나같이 사회적 우위의 자리, 즉 갑의 위치에 있기 때문이다. 더더욱 그들은 채찍 외에는 아예 다른 방법을 모르기 때문이기도 한다. 대부분의 경우에 시스템을 만들 때 당근은 쏙 빼고 채찍 위주로 만들게 되는 것도 이 때문이다.

나는 지금도 영어를 싫어한다. 중학교 2학년 때 단어 하나를 못 외우면 대나무뿌리 회초리로 손바닥도 아닌 손등을 때렸던 영어선생님 때문이다. 집에서 열심히 단어를 외워도 막상 영어선생님이 들고 있는 회초리를 보면 입이 얼어붙어버렸다. 나는 그때부터 영어를 잘할 수 없게 되었다. 당시에 영어선생님이 회초리 대신 단어를 하나 외울 때마다 알사탕이라도 주면서 칭찬을 해주었다면 어땠을까? 그때 선생님이 채찍 대신 당근을 주었다면 나는 지금쯤 영어를 잘했을지도 모른다. 안타깝게도 선생님이나 정치인, 기업인, 공무원, 하물며 가정에서조차 너나없이 쉬운 길을 택한다. 그러다보니 당근보다 채찍에 익숙해져 있다.

여기에 기득권층은 일제강점기와 군사독재시절을 겪으면서 채찍의 짜릿함을 마약처럼 경험한 사람들이다. 아직도 그들의 영향이 사회 곳곳에 뿌리 박혀 있는 것을 알 수 있다.

그렇지만 채찍은 어떠한 경우라도 부작용을 감수해야 한다. 채찍은 동물의 뇌에는 즉각 효과를 보지만 인간의 뇌에는 크게 반발을 사기 때문이다. 당근과 채찍은 저축과도 같다. 채찍을 계속 가하면 통장에 마이너스 잔고가 늘어난다. 누적되면 언젠가는 폭발한다. 반면에 칭찬이나 보상 등 당근은 플러스 잔고와도 같다.

지금 우리 사회는 통장의 잔고가 마이너스를 넘어 이제 한도에 와 있다. 더 이상 한도가 없으면 약자들도 반기를 든다. 이게 1인 시위고 항의며 농성이고 촛불시위로 발전된다.

다행히 학교나 사회와는 달리 기업에서는 채찍보다는 주로 당근을 쓴다. 여러 기업에서는 근무 실적이 우수한 자에게 승진이나 해외여행을 시켜주고 상여금과 성과금 등 인센티브를 지급한다. 당근이 조직을 통제하는 데 훨씬 효과적이기 때문이다.

정부에서는 요즘 돈 쓸 곳은 많은데 세금이 잘 걷히지 않아 골머리를 앓고 있다고 한다. 그러나 대부분은 수단과 방법을 가리지 않고 세금을 적게 내려고 한다. 그간에는 세금을 내지 않으려다 적발되면 강한 처벌을 받았다. 그런데 몇 년 전부터 국세청에서는 세금을 많이 내는 기업이나 개인에게는 다양한 방법으로 인센티브, 즉 당근을 제공하고 있다. 우선 세금을 많이 내는 개인을 국회의원이나 장관급으로 우대하는 정책이다. 연간 개인 세금 1억 원 이상을 내는 개인에게는 공항 귀빈실을 이용할 수 있도록 했다. 세금을 많이 내는 납세자를 우대하기 위해서 특별히 만든 법이다.

공항 귀빈실은 국회의원이나 장관 등 이른바 높으신 어른들이나 이용할 수 있는 곳이다. 그런데 이 공항 귀빈실을 세금을 많이 내는 사람이 이용하도록 한 것이다. 해마다 이 혜택을 누리는 사람이 2,000명이 넘는다고 한다. 또한 세금을 많이 내는 기업은 납세 우수기업으로 분류하여 직원들의 항공요금이나 기차요금을 할인해준다.

일정액 이상 기부금을 내는 국민을 위해 국립묘지에 안장이 될 수 있도록 하는 워런 버핏법도 만들었다. 이제 군인이나 경찰이 아니어도 국립묘지에 갈 수 있다. 그동안 채찍에 길들여진 우리 사회가 이제 당근에 눈을 뜨기 시작한 것이다.

당근과 채찍으로 투표 참여율을 높일 수 있을까? 선거철이 되면 각 자치단체는 투표율 때문에 신경을 곤두세운다. 현재로서는 투표를 하든 말든 내 자유이다. 더구나 투표를 안 하는 사람 중에는 그것도 의사표시라고 생각하는 사람도 있다. 만약 투표를 안 하면 벌금 5만 원이라고 한다면 참여율은 몇 퍼센트 올라갈까? 독자들의 상상에 맡기기로 하자. 수단과 방법을 가리지 않고 투표율을 90퍼센트 이상 올리려면 답은 간단하다.

그동안 쉽게 잘 써왔던 채찍을 다시 한 번 들면 된다. 선거에 불참하면 벌금 30만 원으로 법을 정하면 된다. 물론 국민들의 반발은 감수해야 한다. 여기에다 선거 한 번 잘 치르고 나면 벌금만 수백억 원이 될 것이니 남는 장사 아닌가.

지금까지 정치하는 사람들이 쓰던 방법이다. 돈 안 들이고 쉽게 목적을 달성하는 방법이기 때문이다. 이제 채찍 대신 당근을 써보자. 투표에 참여하는 사람에게 돈을 주면 어떨까? 투표를 마치고 나오는 사람에게는 10만 원씩을 주는 것이다. 아마 투표율은 90퍼센트 이상 높아질 것이다. 문제는 막대한 예산이다. 그렇다면 꼭 돈이 아니더라도 다양한 방법으로 투표에 참여한 사람들에게 인센티브를 줄 수도 있다. 지역 쇼핑센터 협찬으로 할인권을 나누어주는 방법이나 연예인 공연 무료입장권을 나누어주는 방법이 있을 것이다. 간단한 기념품이나 쿠폰을 주는 방법도 생각할 수 있다.

시스템도
진화해야
한다

●

시스템을 말할 때 대개 은행의 번호표 정도를 사례로 소개한다. 우리나라에 번호표 시스템이 들어온 지도 꽤 오래되었다. 그전까지만 해도 우리는 새치기와 무질서가 판치는 후진국 시민이란 말을 들어야 했다. TV에서나 볼 수 있는 은행 객장의 의자에 앉아 책을 보면서 조용히 순서를 기다리는 선진국 시민들의 질서의식이 마냥 부럽기만 했다.

그 이유가 선진국에서는 100년도 넘게 사용하고 있는 번호표 시스템에 있다는 사실을 알기까지는 오랜 시간이 필요했다. 줄서기 문화를 하루아침에 바꾸어버린 번호표는 전국의 동사무소, 관공서, 병원, 식당에까지 도입되어 지금도 요긴하게 활용되고 있다. 그렇지만 번호표가 줄서기 문제를 다 해결해주는 것은 아니다. 사람이 많이 이용하는 공항이나 극장 매표소 같은 곳은 오히려 번호표가 혼란을 줄 수도 있다. 이곳에는 가이드 봉이나 줄을 만들어 저절로 줄서기를 할 수 있도록 안내 장치를 설치하는 게 더 낫다.

최근에 프랜차이즈 커피점이나 패스트푸드 가게에 가면 번호표 대신 페이저Pager를 준다. 이 진동 호출기는 차례가 되면 불이 깜박거리며 진동한다. 고객은 안내방송이나 전광판을 볼 필요가 없다. 그전에는 번호표 때문에 기다리는 시간 내내 안내방송에 귀를 기울여야 했다. 한순간도 전광판에서 눈을 떼지 못한다. 행여 순서라도 놓치면 낭패이기 때문이다. 번호표도 디지털 시대에 맞게 진화를 하고 있는 것이다. 시대와 환경에 맞게 진화를 하지 못하면 오히려 고객에게 불편을 주기도 한다.

맛집으로 소문이 나 주말이면 줄을 서야 하는 식당이 있다. 길게 손님들이 줄을 서 있는데 빈 테이블이 눈에 띈다. 무슨 이유인가 싶어 자세히 보니 '예약석'이라는 표지판이 보인다. 줄을 선 채 기다리는 손님들은 곱지 않은 시선으로 그 예약석을 바라보고 있다. 때마침 예약한 손님들이 의기양양한 모습으로 줄을 서지 않고 앞질러 그 자리에 앉는다. 이 모습을 지켜보면서 수십 분씩 기다리는 손님들의 마음은 어떨까? 그나마 시간을 맞추어 오는 예약손님은 나은 편이다. 예약시간에 30분이나 늦는가 하면 예약만 해놓고 아예 오지를 않는 손님도 있다. 이 식당의 고객관리 시스템은 시대와 환경에 맞게 진화하지 못하고 있다.

크리스마스나 연말에 미리 예약을 해놓고도 정작 그날 오지 않는 노쇼no-show 고객을 성토하는 기사가 해마다 나온다. 용산에 있는 유명 레스토랑은 지난 화이트데이의 예약손님 절반이 노쇼 고객이었다고 한다. 그러자 화가 난 사장은 노쇼 고객 명단을 트위터에 올리기까지 했다. 사장은 우리나라의 수준이 이것밖에 안 된다고 시민의식을 탓했다.

이제 시민을 탓하지 말자. 더더욱 외국의 예약문화와는 비교하지도 말자. 고객에게 미리 예약금을 30퍼센트 정도만 받았어도 이런 일이 발생했을까? 아마 낸 돈이 아까워서라도 약속한 시각에 레스토랑에 왔을 것이다. 평일은 예약금 없이 예약을 받더라도 특정 기념일 며칠간이라도 일정 금액의 예약금을 받아야 한다. 그러면 노쇼 고객은 사라질 것이다.

항공사도 처음에는 예약금 없이 탑승 예약을 받았다. 그런데 예약을 해놓고도 승객의 10퍼센트 이상이 탑승을 하지 않았다. 그래서 대비책으로 10퍼센트 정도 추가 예약을 받기로 했다. 그러다가 예약승객이 모두 오는 바람에 탑승을 못한 손님이 생기는 곤혹을 치르기도 했다. 지금은 국내외 항공사 모두 전액을 미리 지불해야 탑승 예약이 된다. 하다못해 8,000원짜리 영화를 보려고 해도 미리 돈을 내고 예약을 해야 한다. 기차는 두말할 것도 없다. 기차는 예약을 하고 탑승 전에 취소를 하려면 위약금까지 내야 한다. 아무런 안전장치도 없이 고객의 전화 한 통만으로 예약을 받는다면 고객이 문제가 아니라 예약시스템이 문제이다.

죽 하나의 메뉴로 국내 프랜차이즈 업계에 돌풍을 일으킨 '본죽'의 고객관리 시스템을 보자. 평소에는 예약손님도 받고 가끔은 배달도 한다. 그러나 동짓날, 설날 등 특별한 날에는 아예 예약도 전화도 받지 않는다. 그리고 손님이 오는 순서대로 주문을 받는다. 모든 시스템은 상황에 맞게 항상 진화를 해야 한다.

여기에 비해 아예 시스템을 외면하는 곳도 있다. 고속도로 휴게소의 식당이나 프랜차이즈 커피숍이 바로 그곳이다.

프랜차이즈 커피점에 가보면 사람들이 빈 그릇을 아무런 대가 없이 반납한다. 고속도로 휴게소 식당도 마찬가지다. 더구나 한창 바쁠 때는 식판을 치운 자리에 미처 식탁을 닦기도 전에 손님이 자리에 앉는다. 차라리 식판을 그대로 놓아두면 종업원이 식판을 치우면서 자연스럽게 식탁을 닦을 것이다. 아무런 표시도 없이 식판을 치워버리니 닦지도 않은 그 자리에 손님이 몇 번이고 다시 앉게 된다. 식판을 하나 치우고 식탁을 닦아주는 일을 100원씩 계산하여 아르바이트를 주든지 아니면 외주를 주면 쉽게 문제가 해결될 것이다. 이 셀프 서비스 방식은 시스템과는 아직 거리가 멀다.

아무 대가도 없이 빈 그릇을 반납하는 고객을 보면 우리나라 사람들이 대단하다는 생각이 든다. 미국의 셀프 서비스 생맥주 가게에서는 맥주를 시키고 나서 빈 컵을 프런트에 가져다주면 50센트를 돌려준다. 식판을 반납하는 사람에게는 미국처럼 돈을 주지 못할지언정 과일 한 쪽이라도 인센티브를 주어야 한다.

나는 프랜차이즈 커피점에 들러 유심히 살펴보았다. 먼저 고객이 마시고 난 커피잔 세트를 들고 나가자 테이블 청소도 안 한 그 자리에 다른 고객이 커피잔을 가져와 앉는 것을 여러 번 보았다. 고객이 미리 물티슈를 챙겨와 테이블을 닦는 경우도 있었다. 컵받침이라도 테이블에 그대로 두고 나가도록 한다면 닦지도 않은 그 자리에 고객이 다시 앉지는 않을 것이다. 만약 컵 받침에 "조금만 기다려주세요. 곧 청소해드리겠습니다"라는 문구가 새겨져 있다면 그나마 셀프 서비스 시스템이라고 할 수 있다. 모든 시스템은 주변 여건에 따라 세심하게 설계되어야 한다.

언제인가 시 외곽을 지날 때의 일이다. 교통량이 적은 한적한 곳에서 신호등을 기다리다 보면 차도 사람도 안 보인다. 이곳에 보행신호등이 설치되어 있으면 기다리는 차량들에게는 여간 신경 쓰이는 일이 아니다. 운전자는 이 시간이 더욱 길게 느껴진다. 이를 위해 보행자가 직접 신호등을 조작하도록 버튼장치를 만들었다. 겉으로 보기에 일반 신호등 시스템이 진화를 한 것 같다.

시스템 전문가로서 한 도시에 있는 이 장치를 점검해보았다. 보행자가 보행신호 장치를 누르고 통과를 하고 난 후 20초도 안 되어 다른 보행자가 또 보행신호 장치를 눌렀다. 보행신호등은 다시 작동되었다. 이 시스템은 좋은 시스템이 아니다. 한번 작동하고 나면 최소 5분간은 다시 작동이 안 되어야 한다. 그래야 운전자나 보행자 모두를 위한 장치다. 아직도 진화를 더 해야 한다.

최악의
상황까지
고려하라

●

중견회사를 운영하는 최 사장은 조카에게 경리 업무를 맡겼다. 믿었던 조카는 5년 동안 20억 원이 넘는 돈을 뒤로 빼돌려 애인과 같이 호화스런 생활을 했다. 평소 너무도 착한 조카였다. 최 사장은 그 사실을 믿을 수가 없었다. 자신이 학비까지 대가며 키운 조카였기에 그 충격은 더했다.

얼마 전 국세청 하급직원이 국세환급금 서류를 조작해 3년 동안 50억 원을 빼돌렸다. 빼돌린 돈으로 5억 원이 넘는 최고급 외제차를 타고 다니며 방탕한 생활을 했다. 거기다가 마약까지 손을 댔다. 이 넋 나간 친구를 국세청이 적발한 것이 아니라 경찰이 마약사범으로 조사를 하는 과정에서 들통 난 것이다. 아마 이 직원이 마약을 안 했으면 수백억 원을 더 빼돌렸을지도 모른다. 그는 국세청 내에서 평소 착하기로 소문난 모범 직원이었다고 한다.

"그 사람이 설마 그럴 리가 없습니다."

그런데 어쩌랴, 사실인 것을. 도대체 순진했던 그들이 왜 그랬을까?

맹자孟子는 인간은 원래 착한 마음을 가지고 태어났다고 하여 성선설을 주장했다. 그 이유로 어린아이가 우물가로 다가가면 누구나 빠져 죽을까봐 걱정하게 되고 측은한 마음까지 든다는 것이다. 그러면서 그는 인간의 심성은 물이 아래로 흘러내리는 것처럼 선하다고 했다. 따라서 이 착한 마음이 혼탁한 사회에서 악한 마음으로 바뀌지 않도록 예禮로서 교육해야 한다고 했다.

반면에 순자는 "사람에게 스승과 법이 없다면 지혜가 있는 사람은 도둑이 되고, 용기가 있는 사람은 강도가 될 것이며, 재능이 있는 사람은 세상을 어지럽힐 것이다"라고 하면서 성악설을 주장했다. 그는 사람의 악한 마음을 바로잡기 위해서는 끊임없는 교육과 엄격한 법이 필요하다고 주장했다. 예치와 법치의 대립이 시작된 것이다. 순자의 성악설은 훗날 한비자에 의해서 강력한 법치주의로 발전하며《한비자》라는 책으로 나오게 된다. 이 책은 마키아벨리의《군주론》과 함께 정계나 제계 지도자들이 가장 즐겨 읽은 책이 되었다.

"수레를 짜는 목수는 사람이 모두 부귀해지기를 바란다. 반면에 관을 짜는 목수는 사람이 일찍 죽기만을 기다린다. 이는 관을 짜는 목수가 더 악해서가 아니다. 사람이 부귀해지지 않으면 수레가 안 팔리고 이와 반대로 사람이 죽지 않으면 관이 팔려나가지 않기 때문이다."

한비자는 같은 일을 하는 목수일지라도 자신의 득실에 따라 마음이 달라진다는 것을 예로 들었다. 사람은 환경에 따라 언제든지 바뀔 수 있다는 한비자의 법가 철학을 잘 알 수 있다.

　성선설이냐 성악설이냐는 학자들의 흑백 논쟁이 될 수는 있다. 그러나 인간의 뇌 구조를 보면, 사람은 이 둘 중에서 딱히 하나로 단정 지을 수 없다는 것을 알 수 있다. 평소에는 인간의 모습일지라도 환경이 변하거나 기회만 되면 언제라도 동물로 변할 수 있기 때문이다. 따라서 인간의 뇌가 동물의 뇌를 지배하느냐 동물의 뇌에게 지배당하느냐가 더 중요하다. 대부분의 사람들은 어릴 적 부모의 품속에서부터 자연스럽게 인간의 뇌가 동물의 뇌를 지배하도록 훈련을 받는다. 또 자라면서 교육이나 주변환경을 통하여 자연스럽게 인간의 뇌가 우위에 서게 된다.

　다행하게도 동물의 뇌는 인간의 뇌가 교육하고 훈련하면 군소리 없이 잘 따라온다. 집에서 기르는 애완견 수준이라고 보면 이해가 될 것이다. 그러나 평소 익숙하지 않거나 훈련되지 않은 상황이 오면 동물의 뇌가 불만을 터트리고 우위에 선다. 안 하던 운동을 하려 한다든지, 맛있는 고기를 놔두고 채식을 한다든지, 술을 마시지 않고 절제를 한다든지, 엘리베이터를 놔두고 계단으로 올라간다든지 이 모두가 동물의 뇌가 싫어하는 행동들이다. 이럴 때를 위해 반드시 시스템이 필요하다. 가끔 주인도 몰라보는 파충류 뇌도 인간의 뇌 속에는 존재한다. 토막살인에 연쇄살인까지 피도 눈물도 없는 동물만도 못한 인간이 가끔 뉴스에 나오는 것도 이 때문이다. 시스템을 만들 때는 순자의 성악

뇌의 지배 유형에 다른 구분

인격을 갖춘 문화시민	인간의 뇌 < 동물의 뇌 < 파충류 뇌
욕망과 이기적인 사람	동물의 뇌 < 인간의 뇌 < 파충류 뇌
사회악인 사이코 인간	파충류 뇌 < 동물의 뇌 < 인간의 뇌

설을 기본으로 해야 한다.

사기를 당하거나 문제를 일으키고 나면 대부분은 이렇게 말한다.

"그 사람은 절대 그럴 리 없어요. 설마 그럴 리가 없어요"라고 말이다. 그러나 이제부터 생각을 바꾸어야 한다.

"그래! 그 친구는 믿지만 그 친구 속에 있는 동물의 뇌는 믿어서 안되지. 그 친구도 언제든 기회만 되면 중간에서 돈을 떼먹을 거야."

또 하나는 시스템을 만들 때 성악설과 함께 반드시 최악의 상황을 가정하고 대비책을 같이 준비해야 한다는 것이다.

1960년대 브라질의 어느 지방에서 있었던 일이다. 쥐가 너무 많아 농작물까지 습격을 하는 지경에 이르렀다. 주정부에서는 여러 가지 대책을 세웠다. 그중에 하나는 쥐 가죽을 가져오면 포상을 해주는 것이었다. 1년이 지나자 쥐 가죽 포상금으로 나가는 돈이 엄청나게 늘어갔다.

그런데 정작 쥐는 줄어들지 않고 활개를 치고 있었다. 오히려 흉흉한 소문이 돌았다. 소문을 확인해보니 상당수 농장주들이 지하실에 몰래 쥐를 사육하고 있었다. 이런 부작용이 생기자 주정부에서는 당장 쥐 가죽 포상제도를 없애버렸다.

그동안 우리 사회는 최악의 상황을 가정하지 않고 시스템을 만들었기에 형식뿐인 제도라는 비난을 받았다. 오히려 최선의 상황만을 생각하고 만들었다. 개인에게 과도한 권한을 주면 그 사람에게 청탁이 갈 수밖에 없다. 세무공무원이나 국회의원들이 항상 로비의 대상이 되는 이유이다. 그래서 개인에게 권한을 줄 때에는 반드시 견제장치를 해야 한다.

곳간에 곡식이 차면 항상 쥐들이 눈독을 들이기 마련이다. 모든 제도에는 반드시 이해득실이 있다. 사람들은 물이 아래로 흐르듯이 이득을 따라 움직인다. 맹자가 말했듯이 그 물은 상황에 따라 언제라도 혼탁해질 수 있다.

최악의 상황은 모든 분야에서 발생한다.

수년 전 인사동에 큰불이 났다. 대형 소방차는 인사동 같은 좁은 골목길을 들어갈 수 없다. 그래서 소방서에서는 8,000만 원을 들여가면서까지 승합차를 개조해 골목길에 적합한 미니 소방차를 만들었다. 인사동에 불이 나도 이제는 안심해도 될 것 같았다. 그런데 이번에 또 인사동에 불이 났다. 하지만 거금을 들인 이 소방차는 그곳에 출동은 했지만 정작 쓰지 못했다. 야밤이라 좁은 골목길마저 자가용 한 대 못 들어가도록 차들이 막고 있었던 것이다. 모처럼 이 미니 소방차의 활약을 기대했던 소방서는 체면이 말이 아니었다.

시스템은 최악의 상황을 예측하고 실제 예상되는 시나리오를 가정해야 한다. 또한 이에 대한 대비책을 만들어야 한다. 평소에는 아무리 길이 넓어도 언제라도 막힐 수 있다. 갑자기 고장 난 차가 막을 수도 있고 아니면 도로가 파손이 되어서 막힐 수도 있다. 최악의 경우에는 지진이나 천재지변에 의하여 도로가 막힐 수도 있다. 미니 소방차를 만들면 다 해결될 것이라고 판단하고 최악의 상황은 예상하지 못했다. 불이 나면 소방차가 들어가지 못하는 최악의 상황이 항상 발생한다. 문제가 터지고 나면 담당자들이 잘 하는 이야기가 있다.

"상황이 이렇게까지 되리라고는 미처 생각하지 못했습니다. 이런 경우는 처음입니다."

이런 말은 변명에 불과하다.

제도보다
장치를
만들어라

●

시스템을 만들 때 규정이나 제도를 택하면 우선 돈이 들어가지 않는다. 어지간한 문제를 제도로 해결하려고 하는 것도 이 때문이다. 하지만 제도는 제도일 수밖에 없다. 중앙선 침범을 아무리 단속하고 과태료를 부과해도 중앙분리대 장치만 못하다.

최근 전력 문제가 심각해지자 정부는 돈 안 들이고 쉬운 방법을 택했다. 전기절약을 위한 제도를 만든 것이다. 모든 기업은 오전 10시부터 12시까지 그리고 오후 5시에서 7시까지 하루 4시간 동안 피크타임에는 의무적으로 전년 대비 전기사용량을 10퍼센트 이상 줄이도록 통보했다. 만약 어기면 300만 원 과태료를 부과한다는 안내도 같이 보냈다.

그런데 300만 원이란 액수는 무엇을 근거로 정한 것일까? 우리나라에서 벌금액을 정하는 기준은 특별하게 정해져 있지 않다. 그러다

보니 부처마다 그때그때 알아서 정하고 있다.

또 다른 문제는 누가 어떤 방법으로 단속을 할 것인가이다. 누가 언제 측정을 한다는 말인가. 과태료가 많으면 이에 따른 부작용도 예상해야 한다. 벌금액이 많으면 벌금 대신 뒷돈이 오갈 수 있다.

만약 국립공원에서 아무데나 소변을 보면 과태료가 50만 원이라고 해보자. 그런데 화장실은 하나도 없다. 그러면 이동용 화장실 사업이 새로운 사업 아이템으로 등장할 것이다. 1회용 소변 봉지도 불티나게 팔릴 것이다. 행여 소변을 보다가 적발이 되면 50만 원 벌금 대신 10만 원의 뒷돈을 주는 것이 이익이다. 국립공원에 화장실부터 만들고 나서 과태료를 매기든지 해야 한다.

정부는 이번 조치를 발표하기 전에도 전기절약을 이유로 이미 전기세를 올린다고 했다. 그러나 과태료나 전기세 인상 두 가지 다 결코 좋은 방안은 아니다. 일방적인 통보 이전에 기업에는 전기절약 진단 전문가를 파견하여 전기를 절약하도록 지원해야 한다. 불필요한 전기낭비를 막아야 한다. 일정 규모 이상 전기를 쓰는 곳은 반드시 전기절약 전문가의 지도를 받아 인증을 받도록 의무화해야 한다. 대낮에도 환하게 불이 켜져 있는 병원 입원실이나 사무실 복도 등은 전기절약을 하도록 자동 차단장치를 해야 한다. 피크타임에 실시간으로 전력이 통제되는 스마트 그리그 시스템을 앞당겨 개발해야 한다. 또 일정한 온도를 넘으면 자동으로 냉난방기 작동이 멈추는 장치를 의무적으로 설치하도록 하는 등 과태료 이전에 여러 가지 장치를 먼저 생각해야 한다.

제도를 만들기 전에 다른 방법을 찾는 것이 중요하다. 과태료를 부과하고 전기료를 올려 전기 소모를 줄이려는 것은 기름값을 올려 유류 소비를 줄이려는 것과 같다. 전형적인 페널티형 방법이다. 이렇게 하면 단순한 동물의 뇌는 받아들인다. 반짝 효과는 클 것이다. 그러나 인간의 뇌는 속으로 반발을 한다. 차라리 과태료보다 절약을 하는 빌딩이나 대형건물에 전기료를 감면해주는 인센티브를 쓰는 것이 낫다

술이 건강에 좋을 리 없다. 결국 술을 마신 사람은 병원 신세를 더 많이 져야 한다. 그 비용 역시 국민이 부담해야 한다. 술에 세금이 많은 것도 이 때문이다. 이를 가리켜 '죄악세'라고 한다. 그나마 술은 옆 사람에게 직접적인 피해는 주지 않는다. 그러나 담배는 주변 사람에게 직접적인 피해를 준다. 담배에 대한 세금을 올리자고 해도 술과는 달리 크게 반발을 못하는 이유이다.

최근에 보건사회연구원에서는 흡연율을 낮추기 위해 담뱃값을 현재의 2,000원에서 7,000원으로 올려야 한다는 연구결과를 내놓았다. 그럼 현재 45퍼센트의 흡연율이 27퍼센트까지 떨어진다는 것이다. 그러나 담뱃값을 인상하여 흡연율을 낮추는 것은 가장 원시적인 방법이다. 회초리를 가지고 아이들을 교육하는 것과 같다. 동물의 뇌는 따를지 몰라도 인간의 뇌는 저항하기 때문이다.

포항에 있는 한 철강회사는 직원들을 대상으로 자전거 타기 운동을 실시하기 위한 다양한 정책을 썼다. 공장 안에 자전거 전용도로를 만들었다. 포항시의 협조로 도로 한쪽에 자전거 전용도로를 만들어 직

원들이 안심하고 자전거를 타고 다니도록 했다. 공장에는 차를 가지고 들어오지 못하게 하여 자전거 타기를 유도했다. 그러나 효과는 그때뿐, 자전거 타기 운동은 좀처럼 자리를 잡지 못했다.

회사는 그동안의 정책들이 왜 실패했는지를 분석했다. 그리고 다양한 아이디어를 종합해 강력한 자전거 타기 시스템을 도입했다. 회사는 자전거를 타는 직원들에게 전자칩이 내장된 자전거 출입증을 제공했다. 그 칩이 달린 자전거를 타고 자전거 전용 출입문으로 통과하면 하루에 자동으로 1,000마일리지가 적립된다. 주 5일을 계속 타면 보너스 2,000마일리지가 추가로 더해진다. 누적 1만 마일리지 이상 모이면 개인 통장에 자동으로 돈이 입금된다. 2만 마일리지면 2만 원이 입금되는 것이다.

시행 한 달 만에 전 직원의 20퍼센트 이상이 자전거를 타게 되었다. 이 회사는 더욱더 강력한 시스템을 추가했다. 100만 원이 넘는 고급 자전거를 구입할 경우 회사에서 70퍼센트의 보조금을 지급하는 것이다. 사원들은 너도나도 자전거를 신청했다. 회사는 이대로 가면 전 직원의 50퍼센트 이상이 자전거를 탈 것으로 예상하고 있다.

시스템 워크숍을 하다 보면 회의시간을 줄이기 위한 온갖 아이디어가 나온다. 회의시간을 돈으로 환산하여 벽에 붙이기도 하고, 회의시간을 줄이자며 조회 때마다 강조한다. 사원들의 의식에 호소를 하는 것이다. 당연히 효과가 없다. 회의시간을 10분 이내로 하고 초과하면 벌금을 부과한다. 회의실에 10분짜리 모래시계를 가져다 놓는다. 그래도 회의시간은 안 지켜진다.

더욱 강력한 방법으로 회의실 의자를 없앤다. 서서 회의를 하면 긴장감도 있고 서 있으니 힘들어 회의를 빨리 끝낼 것이기 때문이다. 아예 회의실 전등 스위치에 타이머를 부착하는 회사도 있다. 회의 시작 전에 타이머를 작동시키면 10분 후 자동으로 회의실 전기가 꺼진다. 회의시간 줄이는 것 하나도 사원들의 의식이나 제도보다는 장치가 효과가 있음을 알 수 있다.

얼마 전부터 스쿨존에서 교통법규를 위반하면 벌금을 두 배로 올렸다. 교통안전 시설이나 도로는 그대로인데 말이다. 벌금을 두 배로 올리면 문제가 해결될까? 모든 것을 과태료 하나로 너무 쉽게 해결하려고 한다. 제도를 만들기 전에 시설이나 장치를 했는지 전문가에게 진단을 받고 문제를 해결하도록 해야 한다.

지금이라도 당장 학교 주변 반경 500미터 거리를 자연석 보도블록으로 바꾸어보라. 덤프트럭은 근처에도 안 갈 것이다. 아마 모든 차들은 시속 10킬로미터 이하로 거북이 운행을 할 것이다. 그보다도 더 효과적인 방법도 있다. 학교 주변에서 일정 속도 이상으로 주행하면 강력한 물줄기가 자동으로 차량에 분사되도록 하는 것이다.

가장 좋은 방법은 초등학교 주변은 아예 차량이 진입하지 못하도록 도로를 폐쇄하는 것이다. 주변에 사는 사람들 걱정은 안 해도 된다. 통행카드를 지급하거나 동네주민들만 다니는 길을 만들어 통행을 시키면 된다. 처음에야 불편하지만 불편한 만큼 동네주민도 차들이 안 다니니 좋아할 것이다.

　우리 사회는 규칙이나 제도는 잘 만든다. 그게 가장 쉽기 때문이다. 돈이 안 들어가기 때문이다. 국민이 순박하기 때문이다. 자신들이 갑의 위치에 있다고 생각하기 때문이다. 그러나 제도보다 장치를 먼저 생각해야 한다.

단계별로
시행하라

●

아무리 좋은 시스템도 갑자기 시행하면 부작용이 따른다. 대부분의 제도는 제로섬게임Zero Sum Game과 같아서 반드시 이해당사자가 있기 때문이다. 수혜자가 있으면 손해 보는 사람이 있기 마련이다. 여기에다 기존 질서에도 문제가 생긴다. 따라서 시스템을 만들 때는 시간적으로나 공간적으로 여유를 두고 단계적으로 만들어야 한다.

지금은 직장에 다니는 딸아이가 중학교 2학년 때의 일이다. 학교에서 돌아온 아이의 표정이 좋지 않았다. 사연을 물어보니 후배인 1학년에게는 학용품이 무료로 나오는데 자신들은 돈을 주고 사야 한다는 것이었다. 학용품뿐만이 아니다. 체육복에서부터 학비까지 1학년은 모두가 무료인데 2학년, 3학년은 이 모든 것을 위해 돈을 내야 한다는 것이었다. 1학년부터 중학교 의무교육이 적용되었기 때문이다. 하지만 딸아이는 같은 학교에 다니면서 왜 자신은 돈을 내고 후배들은 공짜로

다니는지에 대하여 이해하지 못했다.

사실 중학교 의무교육은 1985년 도서 벽지부터 시작해 2004년 대도시에 시행하기까지 20년이 걸렸다. 시간적인 문제를 줄이기 위해 시골 오지부터 단계적으로 시행한 것이다. 선진국의 사례를 도입하다 보니 교과서대로 단계적으로 시차를 두고 시행했다. 그러나 공간적인 문제는 전혀 생각하지 않았다.

같은 학교 내에서 무상과 유상의 차이를 많이 두면 반드시 문제가 생기게 되어 있다. 딸아이가 이야기한 것이 바로 그것이다. 이 공간적 문제를 없애기 위해서는 무상과 유상의 차이가 크게 느껴지지 않도록 단계적으로 차등을 두어 시행해야 한다. 1학년이 100퍼센트 무상이라면 2학년은 70퍼센트 무상, 3학년은 50퍼센트 무상 정도로 차등의 폭을 조금씩 두는 것이다. 같은 공간에서 갑자기 차이를 두면 문제가 생기는 것을 막기 위해서다.

사실 아무리 좋은 제도라도 새로운 제도는 이해관계자의 반발을 피할 수 없다. 단계별로 시행해야 할 이유가 여기에 있다.

정부는 주택경기를 활성화하기 위해 한시적으로 취등록세 비율을 50퍼센트 인하했다. 그런데 기간이 끝나자 100퍼센트 원상태로 돌린다고 발표했다. 몇 년간 절반의 비용으로 세금을 내다가 갑자기 세금이 두 배로 늘어나자 주택매매가 뚝 끊겨버렸다. 언론사들이 앞 다투어 '거래 절벽'이라는 표현을 써가면서까지 정부를 성토했다. 그러자 정부는 다시 50퍼센트 감면을 재검토한다고 한다. 이제는 간혹 뜸했던 거래마저 아예 없어져버렸다. 조금만 참으면 몇 백만 원의 세금을 안 내도 되는데 굳이 100퍼센트 세금을 내가면서까지 급하게 매매할 필요가 없었던 것이다. 주택매매는 끊기고 대신 전세수요가 많아져 전세 대란까지 겹쳤다.

아무리 주택경기 활성화가 급하다고는 하나 어느 날 갑자기 세금을 50퍼센트나 할인해주면 그동안 100퍼센트 낸 사람의 상실감은 이루 말할 수 없다. 단번에 50퍼센트를 내려 거래 절벽을 만들지 않고 10퍼센트씩 계단을 만들었다면 이런 혼란은 일어나지 않았을 것이다. 원상태로 올리는 데에도 마찬가지다. 매년 10퍼센트씩 5년에 걸쳐 계단을 만들어 올리면 절벽에 떨어지는 일은 없었을 것이다.

주택거래가 거의 사라지자 정부는 50퍼센트 인하 조치를 영구적으로 시행한다고 발표했다. 대신 6억 이하 주택에 한에서 그렇게 한다는 것이다. 6억에서 9억은 그대로 100퍼센트이고 9억 이상은 200퍼센트를 적용한다고 했다. 6억과 9억은 계단이 아니라 또 다른 절벽이다. 이 경우 시간적 문제는 피했지만 공간적 문제는 피하기 힘들다. 7억, 8억에 매매가 되어도 실제 신고는 6억 이하로 할 것이다. 건설회사들은 6억 이하로 분양하기 위해서 온갖 방법을 동원할 것이다. 9억이 넘는 아파트를 분양하면서 골조만 완성하고 6억에 가격을 책정하여 등기를 마친다. 그리고 나서 개별 세대의 신청을 받아 옵션을 시공해주는 합법적 변칙이 등장할 것이다. 자동차 등록세를 줄이기 위해 비싼 옵션을 빼고 차를 출고하고 등록을 마친 후 이것저것 옵션을 장착하는 것도 같은 맥락이다.

시공간적 문제가 가장 크게 나타나고 있는 현장이 바로 4대강 사업이다. 말 많은 4대강 사업은 이제 역사가 말해줄 것이다. 토목 전문가들과 환경단체들이 반대를 하고 막았지만 4대강은 이미 공사를 마쳤다. 나는 강 전문가도 환경 전문가도, 토목 전문가도 아니다. 그러나 시스템 전문가로서 추진 과정에 대해서는 지적할 수 있다. 시간적으로나 공간적으로 발생할 문제를 전혀 생각하지 않았기 때문이다. 어항에 물이 더럽다고 해서 그 물을 모두 버리고 깨끗한 물로 갈아줘보라. 어항 속의 물고기는 갑자기 바뀐 환경 때문에 모두 죽어버린다. 작은 어항의 물 하나를 갈아주어도 이런데 전국의 강을 바꾸는 사업이라면 시간적·공간적 여유가 얼마나 필요하겠는가. 조경 전문가들에 따르면 소나무 한 그루를 옮겨 심는 데 3년이 걸린다고 한다. 그리고 소나무가 완전히 뿌리를 내리고 안심하기까지 꼬박 10년이 넘게 걸린다고 한다.

아무리 좋은 정책이라도 시범사업을 먼저 해보고 문제점이 있는지 없는지 검토한 후에 단계별로 시행해야 한다. 내 이야기가 아니라 "신사업 개발 매뉴얼 제1장 제1절"에 나와 있는 내용이다.

맨 먼저 전문가의 의견을 수렴해야 한다. 강을 개발한 경험이 있는 일본 등 이웃나라도 가보아야 한다. 그리고 가상의 강을 만들어 1년 이상 모의실험을 해야 한다. 실험 결과 문제가 없으면 낙동강이든 영산강이든 한 곳을 선정한다. 하나의 강이 선정되면 강 전체가 아닌 특정 구간 한 곳을 선정한다. 이곳에 보를 막고 물을 가두고 강바닥을 파내기도 하여 개발을 해본다. 그리고 난 후 여러 해를 두고 결과를 지켜본다. 그리고 전문가는 물론 지역주민 이해당사자 등 각계각층의 여론을 수렴한다. 문제가 없으면 강 하나를 대상으로 개발을 하고 시간적 여유를 가지고 강 전체로 확대한다. 그다음 또 몇 년을 두고 본다. 문제가 없으면 시차를 두고 또 다른 강으로 확대해 개발한다.

이런 절차를 거쳐 4대강을 다 개발하려면 아무리 적게 잡아도 300년은 족히 걸릴 것이다. 그런데 무엇이 그리 급했는가. 100분의 1로 기간을 줄여 3년 만에 뚝딱 개발해버렸으니 말이다. 집은 잘못 지으면 부수고 다시 지으면 된다. 자동차나 냉장고는 잘못 만들면 다시 만들면 된다. 그렇지만 4대강은 자연이다. 단어 그대로 스스로 수백만 년 동안 만들어온 결과물이다. 그만큼 조심스러워야 한다.

그동안 시행한 무상보육이나 노인연금법 등 모든 정책이 하나같이 정치논리에 따라 급조되다 보니 부작용이 속출하고 있다. 정작 외양간에 소를 키워야 하는데 정부가 나서서 그곳에 쥐를 키우도록 부추기는 것이다. 이들 정책들도 단계적으로 시행했더라면 이런 혼란까지 오지 않았을 것이다.

우리는 이런 절차는 철저히 무시하고 그냥 책상에 앉아서 만들면 되는 줄 안다. 일단 만들어 시행해보고 나서 문제가 있으면 그때 부랴부랴 고치거나 없앤다. 시스템은 한번 만들어 시행하면 다시 거둬들이기가 쉽지 않다. 조심 또 조심해야 한다. 예상할 수 있는 모든 부작용을 고려해서 단계별로 조금씩 확대해나가야 한다.

시스템을
없애라

●

시골에서 어린 시절을 보낸 내가 가장 무서웠던 것은 호랑이도 도깨비도 아니었다. 신발을 신은 채 안방까지 들어와 집안 구석구석을 뒤지고 다니는 밀주 단속반이었다. 그들은 명절을 앞두거나 한식날 전에 어김없이 나타났다. 그들이 나타나는 날이면 동네는 온통 초상집이 되곤 했다. 덕분에 막걸리를 만드는 양조장은 가만히 앉아서 떼돈을 벌고 지역유지 행세를 했다.

맥주의 본고장 독일에는 팔리고 있는 맥주 종류만 4,000가지가 넘는다. 그에 비해 우리나라 맥주는 딱 두 가지밖에 없다. 그렇다면 전통술 막걸리는 몇 가지나 될까? 불과 20년 전만 해도 단 한 가지 밖에 없었다. 민간인이 술을 만들면 불법이었기 때문이다. 명절이나 제사 때 차례상에 올리는 술조차도 마음대로 만들 수가 없었다.

그런데 이 황당한 법을 언제 누가 만들었을까? 놀랍게도 이 법은 일제강점기에 일본사람들이 만들었다고 한다. 그때 만든 주세법을 해방이 되어도 없애지 못하고 최근까지 그대로 가지고 온 것이다. 그러다가 90년대에 들어 문민정부로 바뀌고 나서야 일반인이 마음대로 술을 만들 수 있게 되었다. 일제강점기에 만든 제도 하나도 없애지 못하는데 다른 것은 말할 필요도 없다.

"규정이 그런데 어떻게 합니까?"

우리가 익숙히 들어왔던 이야기다. 누가 왜 만들어 놓았는지도 모른 채 규정 타령이다. 왜 그럴까?

우리는 한번 만들어놓은 시스템은 하나라도 없애면 큰일이 나는 줄 안다. 없애는 데 따르는 책임도 부담이 된다. 규정보다 돈이 들어간 장치나 시설물이라면 더 그렇다. 한 번 설치한 육교나 지하도를 없애지 못하는 것도 이 때문이다.

유럽이나 미국에서 살다온 사람들은 그 나라에는 종량제 봉투가 없어도 분리수거를 잘 한다면서 그 나라의 국민의식을 부러워한다. 하지만 그 나라들이 처음부터 그랬던 것은 아니다. 그들도 우리처럼 처음에는 쓰레기봉투를 돈을 주고 사서 버렸다. 그러다가 어느 정도 기간이 지나 종량제 봉투를 사용하지 않아도 분리수거가 잘 시행되자 종량제 봉투를 없애버린 것이다.

우리도 종량제 봉투를 사용한 지 20년이 흘렀다. 아직까지 봉투를 없애는 지자체는 단 한군데도 나오지 않았다. 오히려 봉투를 색깔별로 만들어 쓰레기를 종류별로 버리도록 까다롭게 세분화하는 지자체까지 생겼다. 쓰레기 문제 하나를 두고도 갈수록 이것저것 시스템을 더 만드는 것이다.

매일 아이들을 깨워야 하고 매번 책가방을 챙겨주어야 한다면 그 아이의 성장은 기대하기 힘들다. 어느 정도 시간이 지나면 챙겨주지 않아도 스스로 알아서 해야 한다.

누가 보지 않더라고 쓰레기를 아무데나 버리지 않는다. 쓰레기를 줄이기 위하여 1회용 용기는 사용하지 않는다. 굳이 규격봉투를 사용하지 않아도 쓰레기는 거의 나오지 않는다. 이쯤 되면 시스템인지 문화인지 구별이 안 된다. 시스템이 문화로 정착되었기 때문이다.

잘 정돈된 거리에 누가 말하지 않아도 차는 집에 두고 어지간한 거리는 걸어서 다닌다. 감시카메라나 단속경찰이 없는데도 교통법규를 위반하지 않는다. 교통문화가 정착된 선진국이다.

시스템의 최종 목표는 시스템을 없애는 것이다. 좀 더 정확히 표현하자면 시스템이 있는지 없는지 사람들이 느끼지 못할 정도가 되어야 한다. 이게 선진국이고 문화시민이다.

문화는 하루아침에 만들어지지 않는다. 최소한 한 세대, 즉 30년에서 50년 이상 지속적으로 변함없이 그 상태가 유지될 때 문화라고 한다. 지금 세계적인 관심을 끌고 있는 케이팝이 잠시 지나가는 유행인지 문화인지 더 지켜보아야 하는 것도 이 때문이다.

'시스템을 배우려면 싱가포르에 가라'고 한다. 그만큼 싱가포르는 완벽한 시스템에 의해 움직인다. 정치, 문화, 경제, 복지, 교육 등 모든 분야에서 완벽한 시스템을 갖추고 있다. 아직도 범법자에게 채찍으로 때리는 태형이 있는 나라이다. 길을 가다가 침 한 번 뱉으면 우리 돈으로 50만 원의 벌금을 내야 한다. 우리는 주택문제 때문에 나라 전체가 고민을 한다. 하지만 싱가포르는 주택문제도 시스템 하나로 완벽하게 해결했다. 누구나 결혼을 하면 정부에서 나서서 주택부터 해결해주기 때문이다.

하지만 싱가포르를 가리켜 문화국가라고 말하지 않는다. 문화가 아닌 시스템에서 머물고 있기 때문이다. 도시국가를 유지하기 위해서는 강력한 시스템이 필요할 것이다.

시스템이 없이 바로 문화사회가 된다면 좋을 수도 있다. 그러나 시스템이 없이 문화사회가 된 경우는 거의 없다. 어디든 보이지 않는 시스템이 존재한다. 다만 우리 눈에 보이지 않기 때문에 잘 모른다. 그래서 시스템을 보이지 않는 손이라고 하고, 보이지 않는 신이라고도 한다.

기업에서도 사규를 비롯하여 각종 시스템을 만든다. 하지만 만들기만 했지 정작 없애지는 못한다. 없애면 큰일이 나는 것으로 생각한다. 그러다보니 해가 갈수록 시스템이 많아지고 복잡해진다. 이런 기업은 기업문화는 없고 시스템만 있는 기업이다.

개인도 마찬가지다. 아침마다 매번 알람소리를 듣고서야 잠이 깬다면 시스템에 의존하는 사람이다. 알람이 울리지 않아도 정해진 시간에 어김없이 일어난다면 좋은 습관을 가진 사람이다. 좋은 습관이 몸에 붙으면 인품이 저절로 우러나온다.

5장

스스로
움직이는
사람이 되라

앞장에서는 대부분 우리 사회나 기업의 시스템에 대하여 이야기했다. 시스템이 아무래도 개인보다는 여럿이 모인 조직사회에서 주로 활용되기 때문이다.

이번 장은 개인의 적용에 대한 이야기다. 여기 소개한 내용은 필자가 오랫동안 직접 경험하고 생생하게 체험을 한 결과다. 그리고 직접 수백 번의 강의를 통하여 많은 사람들로부터 검증을 받은 내용들이다.

"너 자신을 알라."

"세상에서 가장 무서운 적은 자기 자신이다."

"세상과 싸워 이기는 것보다 자신과의 싸움에서 이기는 것이 더 힘들다."

그동안 우리가 익히 들었던 이야기다.

그러다보니 정말 나 자신이 변화하는 게 두려움으로 다가온다.

"이번에도 또 중도에 그만두지 않을까."

그때마다 우려는 현실이 되어버린다. 그래서일까? 우리는 그동안 자신과의 싸움에서 승리하기 위한 온갖 방법들을 들어서 알고 있다. 그중 이거다 싶은 것은 직접 실행해보기도 했다. 그러나 대부분 중도에 그만두었다.

하지만 이번 장을 읽고 나면 그동안 왜 변화가 어려웠는지 알게 된다. 이제부터는 나 자신과 싸울 필요가 없다. 집 안에 있는 애완견과 싸우는 주인이 있다면 얼마나 어리석은가.

자신은 싸워야 할 대상이 아니라 사랑하고 다스려야 할 존재라는 것도 알게 될 것이다. 이제 마지막 장을 정리하면서 나 자신을 바라본다. 그리고 자신에게 또다시 다짐을 해본다.

"나는 나를 너무 아끼고 사랑하기에 먹고 싶은 것 마음껏 먹을 수가 없다. 내 몸을 그냥 편하게 쉬게 할 수는 없다. 나를 자유롭게 내버려둘 수가 없다."

이제 나 자신을 움직이는 인간으로 단번에 바꾸어버리는 시스템에 대해 알아보자.

왜
마음대로
안 될까

●

건강을 위해 아침 일찍 일어나 조깅을 하겠다. 30분 일찍 출근해서 사무실 청소를 하겠다. 담배를 끊어야겠다. 주말에는 가족들과 꼭 함께하겠다. 정기적으로 등산을 가겠다. 밤 늦게 야식을 먹지 않겠다. 술은 석 잔 이상 안 마시겠다. 일주일에 책 한 권씩 꼭 읽겠다. 매일 일기를 꼭 쓰겠다…….

그러나 마음먹은 대로 잘 안 된다. 대부분 작심 3일이다.

왜 그럴까? 앞서 여러 번 설명했듯이 그것은 바로 내 몸속에 있는 동물 때문이다.

시스템을 연구하면서 언제부터인가 내 몸속에 동물이 살고 있다는 사실을 알게 되었다. 이 같은 놀라운 이치를 발견한 후 내 삶은 완전히 달라졌다. 아침 일찍 일어나는 것은 일상의 기본이 되었다. 일주일에 하루는 꼬박 세 시간 이상 반드시 등산을 한다. 매일 푸시업 100개 이상을 한다. 새벽 여섯 시면 어김없이 눈을 뜬다.

'5분만 더 자고 싶다. 어젯밤 늦게 잠을 자서 그런지 오늘따라 단 몇 분만이라도 더 자고 싶다.'

이런 생각이 뇌리를 스치는 순간 이미 내 몸은 벌떡 일어나 욕실로 향한다. 그리고 정신없이 찬물로 얼굴을 적신다. 거울을 본다. 입가에 는 회심의 미소가 흐른다. 단 2분 만에 내 몸속에 있는 동물을 완벽하 게 제압했기 때문이다.

특별한 경우가 아니고서는 술은 절대 두 잔 이상 마시지 않는다. 담 배는 물론 피우지 않는다. 음식은 절제한다. 내가 가장 싫어하는 음식 메뉴가 이것저것 끝없이 나오는 뷔페식당이다. 이 모두가 내 몸속에 있는 동물이 좋아하는 것들이기 때문이다. 고구마 세 개에 사과 하나 를 곁들인 간소한 아침식사가 더 좋다. 이렇게 음식을 절제하고 간소 한 식생활을 하고 나면 야릇한 성취감에 희열까지 느낀다. 건강을 생 각하면 더욱 그렇다. 전문가에 따르면 이러한 식생활 방식이 건강에 가장 좋다고 한다.

그래서일까? 구도를 하는 사람들이 가장 먼저 하는 일이 몸을 다스 리는 일이다. 음식을 절제하거나 아예 금식을 한다. 살을 에는 듯한 겨 울에도 얼음을 깨고 그 속에 몸을 담근다. 눕지도 않고 앉은 자세로 좌 선수행을 한다. 며칠씩 잠을 자지 않은 채 명상을 한다. 혹여 꾸벅거리 다가 죽비로 얻어터지면서까지 말이다.

오래전 나는 모 사찰에서 비싼 돈을 주고 이 수련을 받았다. 당시에는 스님으로부터 아무런 설명도 없었기에 얼마나 힘이 들었는지 모른다. "다시는 이런 수련은 안 와야지!" 다짐을 했다.

수련을 마치고 내려와서는 밤낮 이틀 동안 잠만 잤다. 만약 그때 내 몸속에 있는 동물을 다스리는 수련이라는 사실을 알았더라면 수련 기간 내내 동물을 때려잡는 성취감에 시간 가는 줄 몰랐을 것이다.

그 원리는 인간의 뇌 구조를 보면 알 수 있다. 우리의 뇌는 인격을 담당하는 인간의 뇌인 전두엽과 생존본능과 감정을 담당하는 동물의 뇌인 편도체로 구분될 수 있다.

가족과 함께 저녁식사를 하는 경우라면 인간의 뇌와 동물의 뇌는 모두 동의를 하고 만족해할 것이다. 그러나 아침 일찍 일어나는 것은 다르다. 감기는 눈을 억지로 뜨고 몸을 일으키는 것은 인간의 뇌인 전두엽에서 담당한다. 반대로 지금 순간 편안하고 좀 더 푹 자고 싶은 것은 동물의 뇌인 편도체가 담당한다. 인간의 뇌와 동물의 뇌가 대결해 봐야 결과는 뻔하다. 항상 동물의 뇌가 이긴다.

이 때문에 동물의 뇌에 밀려 마음먹은 대로 잘 안 되는 것이다. 그래서 오래전부터 사람들은 '세상과 싸워 이기는 것보다 자신과 싸워

인간의 뇌 구조

인간의 뇌	창조, 생각, 판단, 절제, 학습 등 인격과 관계
동물의 뇌	당장 눈앞에 닥친 현실의 이익만 생각
파충류의 뇌	생존본능을 위한 생명유지활동 기능

이기기가 더 어렵다'고 했다.

문제는 동물의 뇌다. 동물의 뇌를 다스리면 자신의 의지대로 할 수 있다. 또 다른 자신과 싸울 필요도 없다. 이제 동물의 뇌를 다스리는 방법을 알아보자.

동물의 뇌는 어쩔 수 없다고 판단되는 상황에서는 쉽게 포기한다. 아침조회가 일곱 시에 있다고 하자. 평소에 늦잠을 자고 싶어 했던 동물의 뇌이지만 아침조회에 참석하지 못하면 당장 회사에서 자리가 위태로워질 것을 안다. 그렇게 되면 생계에도 지장이 있기 때문에 꼼짝 못하고 인간의 뇌가 하자는 대로 일찍 일어난다. 동물의 뇌는 혼자가 아닌 조직이 만든 규칙은 고분고분 따르기 때문이다. 즉 다른 사람들과 함께 지켜야 할 규칙을 만들면 동물의 뇌는 아무 군소리 없이 잘 따른다.

그러나 조회가 없고 출근시간이 아홉 시라면 동물의 뇌는 아침운동보다 편안한 잠을 더 좋아한다. 그래서 아침 여덟 시까지 아침도 안 먹고 잠을 잔다.

또 하나의 방법으로는 매일 규칙적으로 같은 행동을 하는 것이다. 동물의 뇌는 반복학습에 꼼짝을 못한다. 약 3주 정도 매일 반복하면 뇌 속의 해마라는 기억장치에 자동으로 프로그램된다. 이 정도면 동물의 뇌는 인간의 뇌에게 두 손을 들고 만다.

새로운 습관을 만들려면 무엇이든지 3주만 해보라. 동물의 뇌는 꼼짝없이 시킨 대로 한다. 이는 결국 습관으로 굳어진다.

마지막으로 평소 동물의 뇌의 습성을 알고 그와 반대로 하면 된다. 무엇보다도 동물의 뇌는 몸이 힘든 것을 싫어한다. 항상 편한 것을 좋아한다. 아침에 일어나기 싫다. 운동하기 싫다. 주말이면 등산을 가고 싶은데 마음뿐이고 거의 집에서 하루 종일 TV만 본다. 이 모두가 동물의 뇌가 그렇게 한 것이다. 동물의 뇌를 다스리려면 이와 반대로 하면 된다. 아침에 일찍 일어나고 등산이나 운동을 한다. 그리고 TV를 보는 대신 청소를 하고 푸시업을 해보라. 술자리에 가서도 술은 두 잔만 마시자. 저녁에는 기름진 음식을 안 먹는다. 한 달만 하면 동물의 뇌는 순한 양이 될 것이다.

규칙의
미스터리

●

기차를 타거나 지하철에 오르면 자연스레 마음이 차분해진다. 스르르 잠까지 온다. 또 계곡물소리나 빗소리를 들으면 그것이 소음으로 들리지 않고 오히려 마음이 평온해진다.

왜 그럴까? 그것은 기차소리, 빗물소리, 계곡물소리가 규칙적으로 반복해 들리기 때문이다. 우리의 뇌는 일정하게 반복된 주기에 반응하는데 이는 뇌파의 파동과 공명하기 때문이다. 일정한 주기로 반복되는 음은 뇌파의 가장 안정된 파동인 알파파와 특정 사이클에서 공명을 한다. 그래서 기분이 좋아지고 차분해지는 것이다.

운동 중에서 걷기 운동이 가장 좋은 것도 심장의 박동과 같이 두 박자의 리듬이 규칙적으로 반복되기 때문이다. 이시형 박사는 이를 가리켜 세로토닌 워킹이라 부르며 가장 좋은 운동이라고 추천한다. 사물놀이에서 똑같은 장단인데도 지루함 없이 신명이 나거나 케이팝에서 일정한 리듬이 반복되는 것도 이런 원리가 적용되기 때문이다. 이때 뇌에서는 행복물질인 세로토닌이 나온다.

뇌 과학자들에 의하면 세로토닌은 자유로운 생활보다 일정하고 규칙적인 생활을 할 때 나온다고 한다. 자유로움을 만끽하면서 캠퍼스의 낭만을 즐기며 보내는 대학생활보다 새벽부터 밤늦게까지 입시에 시달리며 1분 1초의 여유도 없이 보내야 했던 고교생활이 더 기억에 남는 것도 이 때문이다. 남자들이 술자리에서 빼놓지 않고 군 시절 경험들을 즐겁게 이야기하는 것도 같은 이유에서다.

심리학자들도 사람이 일정한 집단 속에서 정해진 규칙에 따라 행동할 때 안정감과 행복감을 느낀다고 말한다. 아무런 규칙도 없이 제멋대로 삶을 즐기는 서양의 히피족이 유행처럼 잠시 왔다가 사라진 것도 이 때문이다.

그래서일까? 동물과 달리 사람은 태어나면서부터 규칙을 배운다. 동서양의 고전들을 보아도 하나같이 인간으로서 지켜야 할 규칙을 말하고 있다. 그러고 보니 학교에서 배우는 윤리나 도덕도 규칙들이다. 세상의 모든 종교 역시 지켜야 할 계율이나 규칙을 기본으로 삼는다.

독일 철학자 칸트는 "자연의 모든 것은 법칙Rule에 의하여 움직인다"라고 말했다. 그리고 "세상은 일정한 규칙에 따라 움직이는데 왜 인간만이 자유로움을 추구하는 것일까"라는 의문을 가지며 어떻게 하면 인간이 자연과 조화를 이룰 수 있을지를 고민했다. 그리고 규칙적인 생활에서 답을 찾았다. 무엇보다도 그 자신이 평생을 시계처럼 규칙적으로 생활했다.

칸트가 얼마나 시간을 정확하게 지켰는지는 유명한 일화를 통해서 알 수 있다. 그는 매일 오후 네 시가 되면 어김없이 산책을 했다고 한다. 그 시간이 얼마나 정확했던지 이웃들은 그 시간에 맞추어 시계를 맞추었을 정도였다.

칸트의 일과는 새벽 4시 55분에 충직한 하인 '람페'가 그를 침대에서 깨우는 것으로 시작된다. 5시도 아닌 정확히 4시 55분에 깨운다. 일어나면 바로 홍차를 두 잔 마신 후 파이프 담배를 피운다. 그리고 6시까지 그날 일과를 계획한다. 6시에서 7시까지는 오전 강의를 준비한다. 그리고 7시부터 9시까지 강의한다. 강의를 마치면 연구실에서 9시부터 1시까지 학문 연구에 몰두한다.

오후 1시부터 오후 3시까지는 점심시간이다. 비교적 여유를 가지고 이 시간을 보냈는데, 지금으로 말하면 칸트를 좋아하는 작은 펜클럽 정도의 모임이 있었다고 한다. 이 시간은 칸트에게 매우 소중한 시간이었다. 그리고 정확히 4시에 한 시간 정도의 산책을 한 후, 다시 집에 있는 연구실에서 독서를 하거나 연구를 계속했다. 그리고 10시에 침실의 불을 껐다.

왜 칸트는 평생을 이토록 규칙적인 생활에 매달렸을까? 그는 우주 삼라만상이 일정한 규칙에 의해 움직인다는 사실을 깨달았다. 오로지 인간만이 이 규칙에서 벗어나 있음도 알았을 것이다. 결국 자신이 규칙적인 생활을 함으로써 자연의 흐름Flow과 하나 되고자 했던 칸트의 깊은 철학이 여기에 숨겨져 있다.

《중용》에도 이와 비슷한 이야기가 있다. 군자는 매일 같은 일과를 반복하는 가운데서 삶의 의미를 찾고 소인은 항상 새로운 것을 찾아 여기저기 기웃거린다는 것이다.《중용》의 관점으로 보면 칸트는 군자 중에 군자다.

지구상의 모든 동물을 보라. 매일 같은 시간에 같은 행동을 하고, 같은 음식을 먹고, 같은 곳을 돌아다니고, 같은 무리를 만나고, 같은 시간에 잔다. 한평생을 이렇게 살다가 간다. 다른 사람은 그냥 보아 넘겼을 법한 자연의 모습에서 칸트는 자신의 철학을 완성했던 것이다. 규칙적인 생활이야말로 칸트가 우리에게 행동으로 보여준 심오한 철학이다. 인간답게 살아가는 비밀이기도 하다. 매일 반복하는 규칙적인 일상이야말로 깨달음의 지름길이다.

그런데도 대부분 사람들은 반대로 생각한다. 일 때문에, 주위의 체면 때문에 어쩔 수 없이 규칙과 틀에 얽매여 생활을 하는 것이라고 생각한다. 그래서 언젠가 기회가 되면 그런 생활을 벗어나 시간에 구애받지 않고 하루하루 자유롭게 살아가는 것을 꿈꾼다.

그렇다면 지금의 꽉 짜인 생활에서 벗어나서 되는 대로 자유롭게 한번 생활해보라. 일주일은 자유가 좋고 더없이 만족감이 느껴진다. 그런데 그런 생활을 2주일쯤 하면서부터 몸에 이상이 온다. 매사에 의욕이 사라지고 짜증이 난다. 부정적인 생각이 든다. 뭔가 불안해진다. 뇌에서 세로토닌이 점점 말라가고 있기 때문이다. 심해지면 우울증으로 정신과에 가야 한다. 이때 정신과에서 처방하는 약이 '세로토닌'이다. 30년 직장생활을 하고 난 퇴직자들이 가장 쉽게 걸리는 병이 바로 불규칙 생활에서 오는 세로토닌 결핍이다.

스스로를
결박하라

●

아침 일찍 휴대폰의 알람이 요란하게 소리를 낸다. 나도 모르게 정지
버튼에 손이 간다. 벨소리가 잠잠해지자 단잠에 빠진다. 휴대폰은 정확
히 5분 뒤 다시 울린다. 또 휴대폰에 손이 간다. 5분의 꿀 같은 잠이 그
렇게도 맛이 있다. 정확히 5분 뒤 다시 벨이 울린다. 이제는 어쩔 수 없
이 일어나야 한다. 이 정도에서 일어나는 사람은 보통사람이다.

세 번째 벨이 울리자 아예 휴대폰 전원을 끄고 잠을 자는 사람도 있
다. 휴대폰 벨도 안 울리니 한참 단잠에 빠져 있다가 일어나 보니 또 지
각이다. 아침도 못 먹고 허겁지겁 겨우 지하철을 탄다. 이놈의 휴대폰
이 왜 안 울렸지? 그러고 보니 전원이 꺼져 있다. 아, 생각을 해보니 잠
결에 나도 모르게 그만 전원을 꺼버린 것이다.

'내일은 휴대폰을 아예 높은 곳에 두고 자야지. 벨이 울리면 벌떡
일어나게 말이야.'

아침에 제 시각에 일어나기란 쉽지 않다. 그래서 나만의 온갖 비법을 생각해놓는다. 시계 알람에 휴대폰 알람까지 이중 안전장치를 해놓기도 한다.

알람을 멈추려고 손이 가까이 가면 도망 다니는 '클러키'는 더욱 강력한 알람시계다. 이 시계는 알람이 울리자마자 저 혼자서 여기저기를 돌아다니며 요란하게 울려댄다. 어쩔 수 없이 일어나 잡으러 다니다 보면 저절로 잠이 깨도록 되어 있다.

이런 알람시계를 사야 할 정도로 유별나게 아침잠이 많은 사람들이 모여 카페를 만들었다. 이름 하여 늦잠꾸러기 탈출 카페이다. 그렇다면 이들의 늦잠꾸러기 탈출 시스템을 한번 살펴보자.

21일, 즉 3주 동안 진행되는 늦잠꾸러기 탈출 프로그램에 가입하기 위해서는 우선 15만 원의 회비를 내야 한다. 3주 후 성공을 하면 늦잠꾸러기 탈출 인증서와 함께 15만 원 전액을 돌려받는다. 그러나 중간에 하루 늦잠을 자면 1만 원을 돌려받지 못한다. 만약 15일간 늦잠을 자면 전액을 돌려받지 못하고 늦잠꾸러기가 되고 만다. 돌려받지 못한 돈은 일정한 수수료를 빼고 사전에 본인이 정한 사회단체에 저절로 기부가 된다.

약속한 시간에 일어났는지의 여부는 PC를 켜고 카페를 방문하여 주인장에게 약속한 시간에 일어났다는 글을 남겨야 확인이 된다. 만약 PC에 문제가 있을 경우 카페 대표나 운영진에게 휴대폰으로 문자 메시지를 넣어야 한다.

나는 카페 대표에게 인터뷰를 요청하여 회원들의 늦잠꾸러기 탈출 성공 여부를 물었다. 지난 3년간 프로그램에 참여한 1,470명 중 97퍼센트가 성공하여 인증서와 함께 15만 원을 돌려받았다고 한다. 15만 원을 투자했다는 무게감과 자신과의 싸움이라는 자존심, 그리고 인증서를 받고 싶은 성취욕구 등이 참여자들을 중도에 포기하지 못하도록 한 것이다.

이 같이 자기와의 약속을 실천할 수밖에 없는 계약을 '자기결박계약'이라고 한다. 예일 대학교의 딘 칼런Dean Karlan 교수는 그린뱅크와 제휴하여 CARES라는 금연 관련 금융상품을 개발했다.

고객은 일정 금액을 예금하고 6개월 후에 소변검사를 받는다. 흡연 사실이 밝혀지면 계좌에 있는 전액을 지역에 있는 고아원에 기부된다. 이 상품을 출시하자 금연하고자 하는 사람들에게 인기가 높아 많은 사람이 가입했다고 한다. 꼭 이렇게 벌금을 내면서까지 자기를 결박해야만 자신을 다스릴 수 있을까?

아파트 자치회나 구청에서 무료로 운영하는 헬스장에서 몸을 관리했다는 사람은 거의 없다. 자기가 돈을 내야 그 돈이 아까워 헬스장에 간다. 나는 가기 싫어도 단순하고 계산적인 내 몸속의 동물의 뇌가 발걸음을 재촉한다.

이번 주말에 동네 청년회에서 마련한 등산을 가기로 약속했다. 고맙게도 회비는 없다. 버스도 무료다. 여기에 가는 중간에 심심하지 않도록 간식 협찬까지 들어왔다. 그런데 아침에 일어나니 따뜻한 아랫목이 더 좋다. 세 시간 동안이나 버스를 타고 산까지 갈 일도 걱정이다.
일행 중에는 보기 싫은 아래층 아저씨도 있다. 힘들게 산에 올라갈 일
을 생각하니 더 걱정이다. "에라, 모르겠다." 휴대폰을 든다. 거짓말로
핑계를 댄다.

"여보세요. 회장님! 수고가 많으시죠. 저 김동호입니다. 어떡하죠?
오늘 새벽에 장인어른이 갑자기 편찮으셔서…… 지금 병원입니다. 죄
송합니다."

만약 회비로 5만 원을 냈다면 결코 등산을 포기하지 않고 버스를
탔을 것이다. 공짜가 문제다.

아침에 허둥지둥 서둘다 보니 또 출입증을 놔두고 출근했다. 와이
셔츠를 새로 갈아입으면서 그대로 둔 것이다.

"내일은 자기 전에 아예 출입증부터 챙겨야겠다."

그렇지만 이것은 건망증이 아니다. 현대를 살아가는 사람들에게 자
연스러운 일이다. 이에 관한 내용은 이미 2장에서 자세히 설명했다.

그러니 자신의 의식을 믿지 말고 당장 현관 신발장 거울 앞에 체크
리스트를 적은 종이를 붙여놓자. 휴대폰, 출입증, 손수건, 지갑, 차열쇠
등 소지품 목록을 말이다. 출근하는 남편도 배웅하는 아내도 출근 전
이 체크리스트를 같이 챙겨보자.

이 정도로도 안 되면 더욱더 강력한 시스템을 만들어보라. 매일 출
근시간 5분 전이면 자동으로 안내방송이 나오도록 하는 것이다. 마치
고속버스를 타면 안내방송이 나오는 것처럼 말이다. 이 멘트가 경쾌한

음악과 함께 나오거나 사랑하는 자녀의 목소리로 나온다면 더없이 좋을 것이다.

몸을
힘들게
하라

상당수 기업이 사원들을 교육시키면서 해병대 훈련을 시킨다. 교육을
진행하는 강사는 대부분 해병대 교관 출신들이다. 사원들은 3박 4일
동안 해병대와 똑같은 훈련을 받는다. 교육비만도 1인당 50만 원이나
된다. 교육을 마치고 소감을 들어보면 하나같이 감동을 받았다고 한다.
교육 내용을 보면 강의나 의식교육은 하나도 없다. 대신 밤늦게까지
산악행군에 고된 훈련이 전부다. 무엇이 그들을 감동시킨 것일까?

그런데 요즘 사회를 보면 이와는 반대다. 어떻게 하면 '몸을 더 편
안하고 안락하게 할 수 있을까' 하고 온갖 상품들을 경쟁적으로 내놓
는다. 조금 걷는 것도 귀찮고 힘들다. 이제는 가만히 있어도 무빙워크
가 나를 실어다준다. 창문을 여닫는 것도 커튼을 여닫는 것도 가만히
앉아서 리모컨으로 한다. 손님이 와도 대문까지 안 나가도 된다. 모니
터를 보고 리모컨을 누르면 된다. 침대에서 일어나기도 귀찮다. 살짝

건들기만 하면 상체를 저절로 일으켜주는 전자동 침대도 나왔다. 이제는 시골의 비닐하우스도 안방에서 차를 마셔가며 돌본다. 그야말로 움직일 필요도 없이 누워서 일을 할 수도 있는 시대가 되었다.

자본주의 사회는 온통 편리함을 넘어 편안함을 추구한다. 모든 상품은 여기에 초점이 맞추어져 있다. '좀 더 편안하게, 좀 더 안락하게!' 오늘도 새로운 제품이 만들어진다. 새로운 서비스가 제공된다. 돈만 주면 그야말로 숨 쉬는 것까지도 더 편안하게 할 수 있다. 그런데 언뜻 생각하기에 몸이 편안하면 더없이 행복할 것 같지만 실험결과는 전혀 그렇지 않다는 것을 말해준다.

미국 에모리 대학교의 행동과학 교수인 그레고리 번스Gregory Berns는 이에 관한 다양한 실험을 했다. 실험결과는 〈뉴욕 타임스〉 〈CNN〉 〈BBC〉 등에 소개되어 큰 화제를 불러일으켰다.

그가 실험대상으로 삼은 것은 '서부지역 100마일 지구력 달리기'였다. 캘리포니아 스쿼 밸리에서 열리는 이 대회는 울트라마라톤 가운데 가장 오랜 역사를 자랑한다.

1970년에 생긴 이후 매년 신청자가 몰려 지금은 300명만 추첨을 하여 대회를 치른다. 경주자들은 100마일을 쉬지 않고 달려 30시간 이내에 주파해야 한다. 그야말로 죽음의 경주인 것이다. 우승 상금이 걸린 것도 아니다. 등수도 따로 없다. 24시간 이내에 완주한 사람들은 은으로 된 기념버클을 받는다. 그다음 30시간 이내에 완주를 한 사람들은 청동으로 된 기념버클을 받는다. 간혹 경주를 하다 심장마비나 쇼

크로 죽은 사람도 있다. 이 경기에 무려 24년간 매번 참여하여 완주를 한 사람도 있다. 도대체 아무런 보상도 없는데 죽음을 무릅쓰고까지 이 경기에 참여하는 이유는 무엇일까? 그레고리 번스는 여기에 주목한 것이다.

실험은 과학적으로 이루어졌다. 첨단장비를 이용해 실시간으로 경주자들의 뇌파를 촬영하고, 코스 중간 중간에서 인터뷰했다. 심리전문가도 동원되었다. 실험결과, 해답은 도파민과 코르티솔이라는 물질에 있었다.

몸을 가누기 힘들 정도가 되면 뇌에서 도파민이 분비되기 시작했다. 70마일을 넘어서자 대부분 참가자들은 실신상태 직전에 이르렀다. 한계인 것이다. 환각상태를 경험하기도 하고 그림자를 동물로 착각하기까지 했다. 육체와 정신이 분리되는 유체이탈 현상이 나타나기도 했다. 그야말로 무아의 경지에 이르렀다. 이쯤에서 도파민의 양은 최고치에 달하고, 코르티솔이라는 독특한 물질이 뇌에서 분비되는 것을 발견했다.

행동과학자들은 이러한 상태를 뇌가 완전 휴식의 릴랙스Relax 상태라고 말한다. 즉 뇌가 아무런 역할을 하지 않고 완전히 휴식을 하는 상태를 말한다. 육체가 완전히 소진되어 한계에 다다르면 뇌는 비로소 휴식을 취한다. 보통사람은 이러한 상태를 평생 한 번도 경험하기 힘들다고 한다. 등반에서 조난을 당하였거나 오지에 낙오되어 생사를 넘나드는 지경에 이르지 않는 이상 말이다. 또 이 상태가 되면 영혼의 소리가 들리기도 하고 보통사람은 경험할 수 없는 초자연의 세계를 경험하기도 한다.

이쯤에서 우리는 조심스럽게 석존의 설산 고행이나 예수의 40일 금식 같은 수행생활을 이와 연관지어볼 수도 있다. 역사 속 수많은 선각자들이 왜 그토록 자신의 몸을 학대라도 하듯이 내동댕이쳤는지 조금은 이해할 수 있지 않을까?

고대왕조 못지않게 현대판 왕조를 구축하고 있는 나라, 북한을 이야기해보자. 북한은 정신노동을 육체노동 이상의 강도 높은 노동으로 보고 있다. 이를 과학적으로 연구하고 체계화시킨 사람이 주체사상의 선구자 황장엽이다. 그는 정신노동이 육체노동 못지않게 인간에게 피로감을 더 준다는 사실을 알아냈다. 그리고 정신노동과 육체노동의 밸런스가 인간의 만족감에 큰 영향을 미친다는 사실도 밝혀냈다. 그에 따르면 인간은 육체노동 70퍼센트와 정신노동 30퍼센트의 비율로 일을 할 때 가장 만족감을 느낀다고 한다. 만약 반대로 70퍼센트 정신노동을 하는 사람은 육체노동이 부족하기 때문에 스트레스로 인해 일의 효율도 떨어진다는 것이다.

이에 대한 처방은 의외로 간단하다. 정신노동의 비율이 높은 집단일수록 강한 육체노동을 시키면 된다. 이 경우 행군이나 산악등반 등 비생산적인 일보다는 도로를 만들고 도랑을 파고 담을 쌓는 등 생산적인 일을 하면 보람까지 더해져 그 효과가 배가된다고 한다. 여기에 치어리더 같은 아리따운 여인들이 흥을 돋우면 즐거움까지 더해진다. 혼자가 아니라 여럿이 하면 강한 공명현상으로 에너지 펜듈럼이 생겨 힘든 줄도 모른다. 이야기를 하다 보니 어디서 많이 보았던 모습이다. 바로 북한 노동현장의 모습이다. 그동안 우리는 그들이 포클레인 없어 삽질을 한다고 비판했다. 아니 포클레인은 있는데 연료가 없어 어쩔 수 없이 사람이 강제노동을 한다고 알고 있다. 이야말로 난센스다. 몸을 힘들게 하면 뇌는 저절로 바뀐다. 뇌가 바뀌면 사람은 저절로 바뀐다.

나는 기업의 생산현장에서 근로자들이 자신의 일에 대해 얼마만큼 만족해하는지 분석해보았다. 육체노동과 정신노동의 비율이 70 대 30으로 가장 적합한 직업은 자동차 정비업이었다. 임원보다 생산현장의 반장들이 이 비율에 훨씬 가까웠다. 탈모환자를 보면 사무실에서 정신노동을 하는 사람이 육체노동을 하는 사람에 비해 5배 이상 많다는 결과가 이를 증명한다.

몸이 힘들고 편안하고는 인간의 행복과 만족감에 아무런 관계가 없다. 몸이 힘들어도 얼마든지 행복감을 느낄 수 있다. 반대로 몸이 편안해도 행복은커녕 우울증에 시달리기도 한다. 오히려 몸을 힘들게 하면 묘한 만족감과 행복감이 찾아온다.

의식보다
빠른
격식

●

"마음이 더 중요하지. 그래, 자네 마음 다 알아."

사람들은 대부분 마음이 중요하다고 말한다. 그러나 사람의 마음은 그 누구도 모른다.《끌리는 사람은 1%가 다르다》라는 책으로 유명한 이민규 교수는 "신은 인간의 마음을 보고, 사람은 인간의 겉모습을 본다"라고 했다. 결국 사람의 마음은 그의 행동을 보고서야 정확히 알수 있는 것이다. 그때그때 분위기를 잘 타는 우리나라 사람은 더욱 그렇다.

이제부터 사람의 행동과 관련하여 눈으로 보이는 모든 것을 격식이라고 하자. 반대로 보이지 않는 모든 것을 의식이라고 하자. 격식은 과정을 중요시하는 반면 의식은 결과만을 중요시한다. 우리는 그동안 격식에 비해 의식이 더 중요하다고 생각했다. 결과만을 중요시하는 현대사회가 만든 결과이다.

이러한 우리 민족의 특성을 잘 헤아린 사람이 있다. 삼봉 정도전이다. 그는 고려 말 불교의 무교적 가치관을 극복하기 위해 유교적 사회 기반을 구축한다. 그가 최항, 노사신 등과 함께 만든 《경국대전》이 이를 잘 말해주고 있다.

《경국대전》은 우리나라 최초의 법전이라고 알려져 있지만 그 내용은 보면 사회 모든 분야의 규칙에 관한 내용이 대부분이다. 이 규칙은 왕권보다 절대적이었다. 그중 몇 가지 내용을 살펴보자.

우선 백성의 권리와 의무를 담았다. 그리고 사회 각 분야, 하다못해 집은 어떤 형태로 지어야 하고 옷은 어떤 옷을 입어야 하는지까지도 담았다. 석빙고에 보관된 얼음을 여름이 되면 나누어 주는데 얼음을 받을 수 있는 사람은 누구까지인지 규정하는 항목도 있다. 땅과 집을 팔거나 사면 100일 이내에 관청에 보고해야 한다. 남자는 15세, 여자는 14세 이상이 되어야 혼인이 가능하다는 내용도 있다. 나룻배의 수리는 5년마다 해야 하고 배의 수명은 10년으로 했다.

집이 가난하여 혼기가 넘도록 혼인을 하지 못하면 재물을 보조해주는 조항도 있다. 요즘 지자체에서 노총각 결혼 비용을 보조해주는 것과도 같은 것이다. 말, 되, 척, 평 등 오늘날 우리가 편리하게 쓰는 도량형도 그때 만든 것이다. 계절별 땔감의 종류까지도 규정해놓았다. 특이한 것은 의복 및 의례에 관한 조항이다. 계절별로 장소에 따라 옷은 어떻게 입어야 하는지에 대한 규정도 있다. 여기에 제사나 명절 때 음식은 얼마만큼 어떻게 차려야 한다는 세세한 내용도 있다.

그들이 보기에 이 정도만으로는 유교적 문화를 심는 데 부족했던 모양이다. 그래서 유교의 근본 사상인 인仁, 의義, 예禮, 지知, 신信 오행 사상이 백성들 속에 저절로 각인이 되도록 했다. 도읍지를 정할 때 아예 도성 안에 동서남북 방향에 4대문을 짓고 각각의 문에 이 사상을 심어놓은 것이다. 그중 가장 중요한 신信은 중앙에 정각을 짓고 이를 보신각이라 했다.

《길들이는 건축 길들여진 인간》의 저자인 이상현 교수는 국내에서 건축학을 전공하고 하버드 대학교에서 건축 분야 박사학위를 받은 분이다. 이 책의 제목만 보아도 건축 속에서 저절로 길들여지는 사람들의 이야기라는 것을 알 수 있다. 책장을 넘기자마자 한옥 이야기부터 나온다.

요즘에야 한옥이 많은 이들의 관심을 끌고 있지만, 아파트에 비해 살기가 여간 불편한 것이 아니다. 한옥에 살아본 사람이라면 더욱 그렇게 느낄 것이다. 문지방은 왜 그리 높게 만들고, 반대로 문은 또 왜 그리 낮게 만들어 놓았는지…… 들어갈 때나 나올 때 고개를 숙이지 않으면 머리에 혹을 달고 살아야 한다.

"좀 더 크게 만들지!"

옛날사람들이 우리보다 체구가 작아서 그랬을까? 아니면 건축비를 아끼려고 그랬을까? 편리함을 몰라서 그랬을까? 이러한 의문에 대하여 이상현 교수는 기존의 건축학자와는 다른 시각에서 본다.

그에 따르면 건축학에서 사람을 길들이는 방식은 다양하다고 한다. 적절한 거리와 높이, 방향, 크기 등에 따라 사람은 자연스럽게 길든 다고 한다. 여기에 행동 강제장치나 시각적 강제장치를 더하면 사람은 더욱더 건축에 길든다. 이것이 바로 시스템이다. 이 교수는 한옥이야 말로 사람을 길들이기 위하여 가장 이상적으로 지은 집이라고 보았다. 조선이 오랜 기간 왕조를 유지할 수 있었던 이면에는 이렇듯 집 하나 를 짓는 데도 사람을 길들이도록 사회를 시스템화했기 때문이다.

여기에 사람들의 모든 행동을 하나하나 규정하여 움직임을 길들이 도록 했다. 그것이 바로 격식문화다. 일어나서 잠자리에 들기까지 단 한순간도 자유롭게 앉아 있을 수도, 편히 쉴 수도 없다. 그야말로 숨이 막힐 정도의 삶이다. 인사하는 법, 앉는 법에서부터 때와 장소에 따라 입는 옷까지도 정해놓았다. 밥을 먹을 때도 같이 먹을 수 있는 사람이 있는가 하면 따로 상을 차려야 하는 경우 등 구체적으로 규칙을 정했 다. 지금으로 말하면 매너와 에티켓쯤이라고나 할까.

살아가면서 누구나 겪어야 하는 큰 행사가 바로 관혼상제다. 특히 이 네 가지에 대하여는 서민이라 할지라도 격식을 따르도록 했다. 관 례라 하여 어른이 되면 머리를 올려 성인식을 했다. 이것저것 배움이 부족해 머리를 못 올리면 놀림을 받기도 했다. 남녀가 만나 결혼할 때 의 의식을 혼례라 하고, 사람이 죽으면 상례라 했다. 죽음 이후 조상들 의 제사를 제례라고 했다. 이 중 관례는 사라졌지만 나머지는 지금도 우리 생활에 여전히 자리 잡고 있다.

조선시대 사람들은 유달리 격식을 좋아해서 그랬을까? 아니면 과학적 지식이 무지해서 그랬을까? 시간이 남아돌아 할 일이 없어 그런 것은 아닌 것 같다. 한글을 만들고 세계 최초의 금속활자를 만들었던 분들이다.

수백 번의 의식교육보다 때로는 집을 통하여 때로는 규정으로 사람을 길들이는 것이 훨씬 빠르고 효과적이기 때문이었을 것이다. 그동안 산업화에 밀려 내동댕이쳤던 격식에 이제라도 우리 모두 관심을 가져야 할 이유이다.

서랍장
정리의
비밀

●

누구나 성공을 꿈꾸지만 노력한 만큼 잘 안 된다. 그러다보니 철학관에 가서 부적이라도 쓰고 싶을 때도 있다. 여기 부적보다 수십 배 빠른 비방이 있다. 바로 서랍장이다. 시스템의 관점에서 우리 일상의 필수품인 서랍장을 정리해보자.

나는 가끔 친척집이나 지인의 집을 방문하면 신발장부터 살짝 열어본다. 그 집의 현재 상태를 알아보기 위한 가장 확실한 방법이기 때문이다. 신발장을 비롯한 서랍장이 깔끔하게 정리정돈되어 있으면 그 집은 분명 알차게 잘사는 집이다. 반면 서랍장이 너저분하면 그 반대일 확률이 높다. 하지만 집 안의 서랍장을 관리하기란 쉽지 않다. 한두 개가 아니기 때문이다. 화장대 서랍에서부터 책상서랍, 옷장서랍, 싱크대 서랍까지 집 안이 온통 서랍장 천지다.

요즈음은 중국의 황실 귀족들이 쓰던 나비장까지 들여와 안방을 장식하고 있다. 이 나비장은 서랍이 수십 개나 된다. 그 안에 무얼 넣을지 모르니 아무거나 넣는다. 용도를 모른 채 수입을 했으니 말이다. 겉모양만 그럴싸하니 별 생각도 없이 집 안의 장식장으로 그냥 가져다놓은 것이다. 식기세척기의 용도를 몰라 그 속에 그릇을 보관해놓은 것이나 같다. 어느 집은 약장으로 쓰기도 한다. 나비장의 서랍은 약을 보관하거나 잡동사니를 넣은 곳이 아니다. 그 서랍 하나하나에 의미를 담아 물건을 넣어야 한다.

나비장은 귀족들이 자신의 부유함을 위해 방위학의 원리에 맞게 서랍장 개수와 크기 등을 만든 것이다. 그 안에 넣는 물건의 종류나 위치에 따라 집안의 복운이 달라진다. 예를 들어, 집에 입시공부를 하는 아이가 있을 경우 서랍장에는 지필묵 등 공부를 도와주는 물건을 넣는다. 사업을 하는 사람은 거기에 맞게 계약서나 채권 등을 채워 넣는다. 일종의 부적 같은 역할을 하는 것이다. 단순한 미신으로 생각할 수도 있지만, 일본이나 중국 등 일부 국가에서는 '가상학' '파동학'이라는 새로운 학문으로 자리 잡고 있다. 귀족들이 왜 유독 서랍장에 애착을 가지고 있었는지 관심을 가져볼 만한 이유이다.

이 분야의 연구에 따르면 서랍장과 같이 에너지 흐름이 정지되어 있는 공간의 에너지는 강력한 파동에너지를 발생시킨다고 한다. 따라서 서랍장 속이 잘 정리되어 있으면 좋은 에너지를, 반대로 정리가 엉망이면 나쁜 에너지를 받게 된다. 그렇다면 서랍장이 없으면 어떨까? 이도저도 아니다. 영향이 없다.

깊숙한 곳의 서랍장은 더욱 그렇다. 장롱 안쪽에 아무도 모르는 은밀한 서랍장이 있다면 그 에너지는 더욱더 강력하다. 이곳이 잘 정리되어 있으면 주인은 그야말로 좋은 에너지를 받는다.

그렇다면 가장 깊숙하고 가장 은밀한 공간이 어디일까? 땅속 깊이 묻힌 관 속이다. 사체가 흙이 되어 자연으로 돌아갈 때 DNA가 소멸되면서 강력한 파동에너지를 방출한다. 이때 같은 DNA를 가진 후손들은 그대로 영향을 받는다. 이 파동에너지는 시간과 거리의 개념이 없다. 서울에 있든 뉴욕에 있든 그대로 영향을 준다. 나는 지금 묫자리 이야기를 하고 있다. 선조들이 왜 그토록 묫자리에 집착했는지 조금은 이해가 갈 것이다. 묫자리에 자신이 없으면 화장을 하면 된다. 그러면 아무런 영향을 끼치지 않는다.

서랍장을 정리할 자신이 없으면 서랍장을 없애면 된다. 대신 서랍장이 있으면 반드시 정리하라. 이것이 비밀이다. 성공적인 삶으로 저절로 가는 지름길이다.

대기업 간부로 지내다가 퇴직한 선배가 있다. 인품과 덕망을 고루 갖춘 분이다. 그런데 어느 날 선배가 명함을 하나 내밀었다. '정리수납 컨설턴트'였다. 그러면서 그 명함을 갖게 되기까지의 사연을 소개했다.

"나도 처음에는 고민을 많이 했네. 협력업체 임원으로 오라는 데도 있고, 사업을 해볼까도 생각을 했지. 이것저것 많이 생각한 끝에 내린 결론인데, 앞으로 20년 이상 활동을 해야 하니 그냥 돈벌이만 생각할 수는 없었네. 뭔가 보람되고 사회에 유익한 일을 하고 싶었거든. 앞으로 잘 부탁하네."

선배는 회사에 근무하면서 퇴직 후 무엇을 할까 고민을 하던 중 우연히 수납정리에 대하여 관심을 갖게 되었다고 한다. 그리고 가정이나 사무실에 아무렇지 않게 생각하는 서랍장, 옷장, 부엌장 등 공간의 정리가 삶에 큰 영향을 미치는지 알게 되었다. 알면 알수록 해보면 해볼수록 신기했다. 사무실 책상 서랍 하나 정리를 했는데도 회사에서 하는 일마다 술술 풀리는 것을 경험했다. 부하직원들의 일하는 능력과 서랍정리 상태를 보니 함수관계가 있다는 사실도 알았다. 평소 서랍정리를 잘하는 직원이 일의 능력도 탁월했다.

그 선배는 집에서도 서랍을 정리해보았다고 한다. 화장대며 옷장, 부엌장, 아이들 책상서랍까지 집 안에 있는 서랍장은 모두 찾아 정리했다. 단지 서랍장만 정리를 했는데도 그 효과는 놀라웠다. 가정이 안정되고 아이들은 더욱더 활기차게 변해갔다. 서랍을 정리하면 할수록 자신의 삶까지도 조금씩 더 좋은 방향으로 바뀌어가는 것을 발견할 수 있었다.

나는 평소 서랍장의 중요성을 알기에 그분에게 진심으로 축하를 해드렸다. 그리고 기업에도 이 분야가 꼭 필요하기에 기꺼이 강의를 소개해드리기로 약속했다.

서랍장 못지않게 자동차도 영향을 준다. 운전자 개인만의 밀폐된 공간이기 때문이다. 그렇다면 자동차도 정리를 해보자. 자동차 역시 서랍장의 원리를 따른다. 문을 자주 여닫는 실내는 그나마 덜하다. 문제는 트렁크다. 트렁크 안의 잡동사니는 강한 에너지파동을 지닌다. 이곳 역시 정돈이 잘 되어 있으면 좋은 에너지를 준다. 반대로 정돈이 엉망이라면 나쁜 영향을 준다.

트렁크는 가능한 한 아무것도 없이 깨끗하게 비운다. 출고 상태 그대로가 가장 좋다. 공구박스도 없애버리면 더 좋다. 요즘은 비상용 공구를 쓸 일도 없다. 과거와 달리 차량 부품이 키트로 제작이 되어 잔고장이 거의 없다. 그래서 어지간해서는 중간에 차가 멈추는 일도 없다. 일이 생기면 보험회사의 긴급출동이 다 알아서 해준다.

이렇게 주변의 서랍장을 하나둘 정리하고 나면 날마다 좋은 에너지를 받게 되니 하는 일마다 잘 풀린다.

소지품만
바꾸어도

●

나는 20년이 넘게 시스템에 대한 강의를 해오면서 생활풍수와 방위학 등이 시스템에 바탕을 두고 있다는 것을 알게 되었다. 홍콩이나 싱가포르는 이 분야가 대중화되어 있다. 가구 배치나 출입문의 위치, 벽에 거는 액자 하나까지도 삶에 영향을 준다는 것이다. 매일 사용하는 가구나 생활용품일수록 영향을 많이 준다. 그중 항상 몸에 지니고 다니는 열쇠고리와 지갑의 영향력은 매우 크다.

우선 자동차열쇠고리를 고급스러운 링으로 바꾼다. 행운의 열쇠라고 생각하면 된다. 명리학이나 기공학을 연구하는 사람들은 원이 우주의 중심이고 근원이라고 한다. 또한 보통사람에게는 보이지 않지만 우리 몸은 둥근 공과 같은 보호막에 둘러싸여 있다고도 한다. 이 구체와 에너지 교환을 하는 것이 바로 링이다. 우리 몸에 지니고 있는 것 중에 링을 상징하는 것은 반지와 열쇠고리다. 그런데 요즘에는 반지를 끼고 다니는 사람도 없을 뿐만 아니라 반지모양이 과거와 달리 원의 형태가 아니다. 따라서 열쇠고리가 원에 더 가깝다.

그동안 경험으로 보아 열쇠고리를 보면 그 사람의 현재 상태를 정확하게 진단할 수 있다. 나는 즉석에서 교육생들의 열쇠고리를 보고 진단해준다. 모두가 그 정확성에 놀라움을 금치 못한다.

그중 기억나는 한 사람은 모 구청의 계장으로 일하고 있는 분이다. 그는 호주머니에 15개나 되는 열쇠를 지니고 있었다. 여기에다 열쇠고리는 4개나 주렁주렁 얽혀 있었다. 너무 열쇠가 많아 일일이 그 용도를 물어보았다. 열쇠 중에는 처갓집 아파트 열쇠도 있었다.

나는 그에게 "처갓집에서 출퇴근을 하느냐"라고 물었다. 그는 처갓집이 가까이 있어 한 달에 한두 번 가는데 그때 사용한다고 했다. 나는 그의 열쇠를 보고 다음과 같이 진단을 했다.

"계장님은 열쇠고리만큼 주변에 얽힌 사람이 많습니다. 그리고 열쇠 개수와 무게만큼 지고 가는 짐이 많으시네요. 또 열쇠끼리 한 주머니 안에서 매일 부딪히니 하는 일마다 부딪히게 됩니다."

그분은 나의 정확한 진단에 깜짝 놀란 표정을 지었다.

나는 그 자리에서 그의 열쇠고리를 정리해주었다. 자동차열쇠고리에는 자동차열쇠 하나만 달았다. 나머지 열쇠는 미리 준비한 열쇠지갑에 가지런하게 정리했다. 단 5분도 안 되어 깔끔하게 정리된 열쇠고리를 손에 쥔 그는 뭔가 큰 짐을 벗어버린 듯했다.

"큰 혹을 떼어낸 것 같습니다. 이제 하는 일마다 잘될 것 같네요"라며 열쇠고리를 정리한 소감을 말했다.

교육을 마치고 한 달 정도 지난 어느 날 그에게서 연락이 왔다. 그동안 일어난 자신의 변화가 너무나도 신기하다는 것이다. 주변의 사소한 일 때문에 하루하루 시달려야 했는데 언제부터인지 그런 일들이 사라졌다고 한다. 사사건건 부딪히던 일도 사라졌다. 그의 목소리는 밝고 힘이 넘쳤다.

이제 당신의 열쇠고리를 한번 보라. 자동차열쇠 하나만 달도록 하라. 고리가 두세 개 치렁치렁 엉켜 있으면 매사에 하는 일도 엉키게 된다. 열쇠 개수가 많은 사람은 그 숫자만큼 자신에게 도움이 안 되는 사람을 달고 다닌다.

우리가 지금 쓰는 열쇠지갑은 홍콩의 풍수연구가가 만들었다. 그는 열쇠가 서로 부딪쳐 나는 소리와 에너지가 그 사람에게 나쁜 영향을 주는 것을 알고 이 문제를 해결하기 위해 열쇠지갑을 만들었다.

다소 비과학적인 이야기로 들릴 수 있다. 그러나 그동안 많은 사람들의 경험으로 검증된 내용이다. 굳이 그 원리를 설명하자면 내용이 길어진다. 나비효과를 생각한다면 조금은 이해가 될 것이다.

기상학자 에드워드 로렌츠Edward Lorenz는 "브라질에 살고 있는 나비한 마리의 날갯짓이 미국 텍사스에 큰 바람을 일으킬 수 있다"라는 기상 이론을 발표했다. 이후 사람들은 이를 '나비 효과'라고 하여 다른 이론에도 적용했다. 나비의 날갯짓처럼 작은 변화가 세상을 움직일 커다란 변화를 가져올 수 있다는 것이다.

나비의 날갯짓에 비하면 열쇠의 부딪히는 소리는 천둥소리에 가깝다. 그것도 내 몸에서 나오는 소리가 말이다. 나의 삶에 영향을 주는 것은 당연하다. 매일 잘 정돈된 열쇠를 만지작거리면서 꺼낼 때마다 자신도 모르게 삶이 바뀌게 된다.

그다음은 지갑이다. 나는 강의 때면 교육생 몇 명의 지갑을 꺼내 그들의 현재 재정 상태를 진단해준다. 너무나도 정확한 나의 진단에 교육생들은 깜짝 놀란다. 우선 남자들의 경우 반지갑을 쓰면 돈에서 자유롭지 못하다. 지갑이 두툼할수록 더욱 그렇다. 만약 반지갑에 두툼하기까지 하다면 그 사람은 돈 걱정에서 헤어나기 힘들다. 그 두툼한 반지갑을 윗옷 안주머니에 넣지 않고 바지 뒷주머니에 넣고 다닌다면 설상가상이다. 그 사람은 돈하고는 담을 쌓아야 한다.

이제 당장 지갑을 장지갑으로 바꿔보자. 가능한 한 최고급 명품으로 준비를 한다. 가격이 비쌀수록 좋다. 《부자들은 왜 장지갑을 쓸까》라는 책도 나의 이론을 뒷받침해주고 있다.

저자인 카메다 준이치로는 '지갑 가격×200=내 연봉'이라고 주장한다. 지금 가지고 다니는 내 지갑의 가격과 연간 수입에 적용해보니 대충 맞는 것 같기도 하다. 이제 지갑이 준비되었으면 지갑 속에 항상 빳빳한 5만 원짜리 새 지폐를 몇 장씩 넣어둔다. 신용카드는 한두 개만 넣고 다닌다. 주민등록증과 운전면허증 중 한 가지만 넣고 다닌다. 그리고 지갑은 반드시 심장이 있는 윗옷 왼쪽 안주머니에 넣고 다닌다.

몇 년 전 〈쩐의 전쟁〉이란 드라마를 본 사람은 주인공이 다 구겨진

1,000원짜리 지폐를 다리미로 빳빳하게 다리는 장면을 보았을 것이다. 그것이 바로 돈을 부르는 에너지다. 돈을 정성스럽게 다루다 보면 돈이 저절로 나를 따라온다. 지갑은 돈이 머무는 호텔이다. 지저분하게 구겨진 지폐는 하루 이상 머물게 해서는 안 된다. 바로 쓰든지 은행에서 다시 바꾸든지 해야 한다. 또 지폐를 지갑에 하루 이상 보관할 경우 지폐의 그림을 한 방향으로 가지런히 정리하여 지갑에 정성스레 넣는다.

이 정도 준비를 마쳤다면 이제부터 당신은 돈 걱정에서 해방될 수 있다. 카드결제일이 다가와도 지갑에 돈이 없어지는 일은 없을 것이다. 식당 앞에서 밥값 내기를 망설이는 일도 없을 것이다. 당신의 지갑은 마르지 않는 샘물처럼 항상 돈이 넉넉할 것이다.

놀랍지 않은가. 열쇠고리와 지갑만으로도 나를 단번에 바꿀 수 있다니 말이다.

군대와
명문대

●

우리나라 고등학생들이 어느 대학을 지원할까 고민하는 반면 이스라엘의 고등학생들은 어느 부대에 갈까를 고민한다. 이스라엘에서 하버드대나 예일대와 견줄 수 있는 곳은 대학이 아니라 군대다. 모든 취업 인터뷰에서도 어느 대학을 나왔는가를 물어보는 것이 아니라 어느 부대를 나왔는가를 물어본다. '8200부대 출신 우대' 같은 인터넷 구직광고를 흔하게 접한다.

이스라엘 군대가 편하거나 근무 여건이 좋아서가 아니다. 대부분 군대가 우리나라의 공수부대보다 더 강도 높은 훈련을 한다. 그중에서 경쟁이 가장 치열한 탈피오드라는 부대는 생사를 넘나드는 훈련으로 악명이 높다. 이 부대의 근무기간은 9년이나 된다. 그런데도 매년 지원자가 몰린다. 그렇다면 이스라엘에서 대학보다 군대를 따지는 이유가 뭘까?

"군대에서는 엄격한 규율을 지켜야 합니다. 즉각적인 행동을 해야 하구요. 생사를 오가는 작전도 수행해야 합니다. 이러한 경험들은 적자 생존의 비즈니스 세계에서 겪는 경험과 같은 것이지요."

인크루트 이스라엘 담당 매니저의 말이다.

그렇다면 우리나라 군대를 보자. 군대를 다녀온 사람이라면 무엇보다 규칙적인 생활이 우선이다. 칸트 이상으로 1분 1초를 틀리지 않게 생활을 하는 곳이기 때문이다. 군대에 들어가면 동물의 뇌도 애완견처럼 시키는 대로 꼼짝 없이 잘 따른다. 몸은 힘들고 지친다. 걸어가면서 잠을 자야 할 정도로 몸이 힘든 경우도 있다. 회식자리에서까지 격식을 따진다. 서랍장은 물론 속옷 하나까지 각이 지도록 정리를 잘 해야 한다.

사람들이 군 입대를 기피하려는 이유는 무엇보다 즐거움이 곧 행복이라고 생각하기 때문이다. 재미가 있어야 행복할 것으로 생각한다. 편안해야 행복할 것으로 생각한다. 그런데 군대는 즐겁지 않다. 재미도 없고 편하지도 않다. 직장도 마찬가지다. 이 때문에 사표를 쓰고 직장도 그만두고 싶다.

그렇다면 이렇듯 즐겁지도, 재미있지도, 편하지도 않은 군대가 행복과 어떤 함수 관계에 있는 것일까? 나는 이에 대한 내용을 위주로 오래전 《Better Life Best Life》라는 책을 출간했다. 그리고 지난 10년간 1,000회가 넘게 이에 대한 강의를 하여 많은 사람들로부터 검증도 받았다. 이제부터 그 내용을 소개하려고 한다.

그동안 내 강의를 듣고 나서 자기 아들부터 당장 군대에 보내야겠다고 말하는 사람들을 많이 보았다. 내가 이 책을 국방부로부터 의뢰를 받고 쓴 것이 아니니 오해가 없기를 바란다. 유달리 애국심이 있어서도 아니다.

인간의 행복에 대하여 평생을 연구한 학자가 있다. 시카고 대학교 교육학 교수인 칙센트미하이Mihaly Csikszentmihalyi 박사다. 그는 공산주의가 몰락하고 본격적인 자본주의 사회가 오면서 돈 앞에 인류가 더 불행해지는 것을 알게 되었다. 교육학자인 그는 어떻게 살아야 행복해질 수 있을까를 고민했다.

그러다가 프랑스 정신병원에서 발표한 정신병 환자의 치료 사례를 소개받게 된다. 사례의 주인공은 50세의 여성이었다. 그녀는 유럽에서 손꼽히는 사업가의 부인이었다. 센 강변의 대저택에 가정부를 두 명이나 두고 있는 그야말로 상류층 부인이었다. 그녀가 정신병원에 입원을 했다. 부인은 우울증이 심하여 자살을 네 번이나 시도했다고 한다.

의사들이 진단을 위해 그녀의 삶을 살펴보았다. 그녀는 무엇 하나 부족함 없이 평생을 여행과 쇼핑으로 인생을 즐기며 여유롭게 살아왔다. 그런데 뭐가 문제일까? 원인을 찾을 길이 없었다. 시간이 지나자 상태가 점점 더 악화되어 이제는 수면제가 없이는 잠을 잘 수도 없고 가끔 발작을 하여 마취제를 놓아야 할 지경에 이르렀다. 그녀의 상태는 말이 아니었다. 뼈만 앙상하게 남았다. 그렇게 6개월이 지난 어느 날 이 병원에 젊은 의사 한 사람이 부임해오면서 치료의 실마리가 풀렸다.

그 의사가 첫 당직을 서는 날이었다. 모니터에 나타난 그녀의 행동을 유심히 보니 그녀가 뭔가를 열심히 하고 있었다. 의사는 바로 그녀의 병실로 갔다. 자세히 보니 그녀가 손톱을 다듬고 있었다. 그녀의 행동을 유심히 보았더니 정신이 정상으로 돌아온 것을 알 수 있었다. 몇 번을 더 관찰한 의사는 손톱을 다듬을 때 부인이 제정신이 된다는 사실을 알게 되었다. 이후 그녀는 젊은 의사의 도움으로 네일숍까지 내고 환자들 손톱을 깎아주는 일을 도맡아 하게 된다.

6개월쯤 지나자 그녀는 완전히 정상인이 되었다. 손톱을 다듬는 일을 하다가 정신병이 치료된 것이다. 평생을 즐기며 살다가 우울증을 얻었는데 손톱을 다듬다가 치료가 되었다니……, 박사는 여기서 스치는 게 있었다.

"행복은 즐거움이 아니구나. 그럼 무엇일까?"

그는 이러한 의문을 가지고 미국으로 돌아왔다. 그리고 미국인 500명을 대상으로 언제 행복을 느끼는지 두 시간 단위로 체크하여 조사를 했다. 그 결과 새로운 사실을 발견하게 된다. 사람들은 즐겁고 재미가 있으면 행복할 거라고 착각한다는 것이다.

그렇다면 박사가 조사한 행복의 기준은 무엇일까? 그것은 바로 몰입과 보람과 의욕이었다. 여기에 집중과 즐거움이 더해지면 더욱더 행복감이 더해진다는 것을 알게 되었다. 그리고 연구한 결과를 《몰입의 즐거움 Flow》이라는 책을 펴내 공개했다.

연구에 따르면 인간의 행복을 결정하는 것은 보람과 몰입 그리고 집중, 즐거움이다. 몰입은 뭔가에 푹 빠져 있거나 마라톤이나 유격훈련 같은 힘든 운동을 할 때 경험할 수 있다. 집중은 잡념이 없이 산만하지 않은 상태이다. 보람은 나보다도 조직이나 국가를 위해 일할 때, 즉 이타적인 행위를 할 때 느낄 수 있다. 노래방에 가서 마이크를 잡으면서 보람을 느낄 수는 없지만 힘든 봉사활동을 하면서 보람을 느낄 수가 있는 것이다.

언젠가 거제도에 있는 조선소 협력업체에서 철판의 녹을 제거하는

조선소 주부사원 행복지수

구분	즐거움	보람	몰입	집중	계
녹 제거 작업	−	++	+	++	80
가사활동	0	−	− −	− −	35
노래방	++	−	+	−	60

군대의 행복지수

구분	즐거움	보람	몰입	집중	계
군대	0	++	++	++	90
빈둥거림	0	− −	− −	− −	30
TV 보기	++	0	+	0	75

− − 아주 없음 : 5   − 조금 없음 : 10
0 보통 : 15   + 조금 있음 : 20   ++ 아주 많음 : 25

일을 하는 주부사원들에게 이런 내용의 강의를 한 적이 있다. 그들은 평생 즐거움이라고는 별로 느낄 여유조차 없는 사람들이었다. 하루 종일 야외에서 방독면을 쓰고 작업한다. 주부로서 정말 힘든 일이다. 나는 강의하는 내내 몇 번을 울컥했는지 모른다. 강의를 마치고 한 주부가 내게 다가왔다.

"강사님, 저는 지금 잘살고 있는 거네요. 그동안 스스로를 많이 원망도 했는데 강의를 듣고 보니 제 자신이 너무 자랑스러워요." 나는 상처로 얼룩진 그녀의 두 손을 말없이 잡아주었다. 그들의 행복지수는 전업주부들보다 훨씬 높았다.

표를 보면 알 수 있듯이 행복지수가 가장 높은 항목이 녹 제거 작업을 하는 주부들로서 80점이다. 노래방 60점보다 더 높다. 그들이 그토록 부러워했던 전업주부들은 행복지수가 35점이었다. 그렇다면 보람을 가장 많이 주는 곳이 어디인가 생각해보라. 바로 군대다. 즐거움이 좀 덜할 뿐이지, 보람과 몰입, 집중을 많이 경험하는 곳이기 때문이다. 태어나서 가정에서나 학교에서나 남의 도움만 받다가 처음으로 국가와 민족을 위해 하루하루를 보내고 있기 때문이다.

사람들은 추억을 먹고 산다고 한다. 그렇기에 행복한 추억은 다시 떠올리며 얘기하면서 즐긴다. 불행하거나 아픈 과거는 다시는 떠올리지 않는다. 남자들이 모이면 밤샘을 해도 끝이 없는 애기가 군대 이야기다. 꾸벅꾸벅 졸다가도 군대 이야기만 나오면 생기가 펄펄 넘친다.

자연의 법칙을 꿈꾸며

책의 제목을 "스스로 움직이게 하라"로 정하면서 새삼 '자연(自然)'이라는 단어를 떠올려보았다. 자연의 사전적 정의는 "사람의 힘을 더하지 않은 저절로 된 그대로의 현상. 또는 사람의 힘으로 어찌할 수 없는 우주의 질서나 현상"이라고 한다.

그래서일까? 현인들은 하나같이 자연에서 답을 찾았다. 노자는 무위자연無爲自然을 중심으로 《도덕경》을 풀어나갔다. 그는 자연이라는 단어 앞에 '무위'를 더했다. 굳이 해석을 하자면 "함이 없이 스스로 그러하다"라는 뜻이다. 노자는 무위자연이면 만물장자화萬物將自化, 즉 "온갖 것이 스스로 달라진다"고 했다. 스티븐 호킹 박사는 자연의 모든 생명체와 인간은 누가 창조한 것이 아니라 자연의 법칙에 의해 스스로 창조되었다고 했다.

우리가 자연에서 배워야 할 것은 일정한 법칙이다. 누구의 간섭 없이도 스스로 알아서 움직이는 자연의 위대한 법칙을 말한다. 주위를 한번 둘러보라. 풀 한 포기, 돌덩이 하나라도 일정한 법칙 속에서 움직인다.

오직 인간만이 이 법칙에서 벗어나 있다. 그런데도 사람들은 아무런 법칙도 없이 마음대로 행동하는 것을 인간만이 가지는 특권으로 생각한다. '자연으로 돌아가라'라는 말을 문명을 거부한 채 깊은 산속에서 아무런 간섭도 받지 않고 자유롭게 생활하는 것으로 이해하는 것이다. 그러나 그것은 자연의 깊은 뜻을 모르고 하는 소리다. 가까이 다가가면 인품이 느껴지는 품격 있는 사람은 아무렇게나 제멋대로 살지 않는다. 혼자 있을 때조차도 흐트러짐이 없다.

책을 읽고 나면 대부분 우리가 다 알고 있는 내용들이다. 프롤로그에서 말했듯이 누구든 몰라서 못하는 경우는 거의 없다. 공자, 순자, 한비자의 고민처럼 아는 것보다는 어떻게 하면 행동할 것인가가 더 중요하다. "어떻게 스스로 움직이게 할 것인가. 어떻게 저절로 되도록 할 것인가." 이것이 이 책이 전하고자 하는 핵심 메시지이다.

지난 1982년 장교로 임관하면서 처음으로 접하게 된 시스템이 30여 년이라는 숙성의 기간을 거쳐 이번에 책으로 세상의 빛을 보게 되었다. 사실 나는 뭐 하나 내세울 것 없는 너무도 평범한 사람이다. 그럼에도 지금은 제법 이름이 알려진 강사가 되어 활동하고 있다. 조직에서는 항상 최고로 인정을 받았다. 가는 곳마다 고객의 문제를 쉽게 해결했다. 모두가 시스템 덕분이다.

글을 맺으려 하니 가족에게 미안함과 고마움이 앞선다. 무엇보다도 부족한 원고를 다듬어 빛을 보게 해준 출판사 식구들에게 감사의 마음을 전한다. 그리고 어려운 고비마다 뜻을 같이해준 후배 오병용 동지에게 고마움을 전한다.